はしがき

かつて、日本では、「事件が起きたこと」と「犯人だと思われる人が検挙されたこと」だけしか注意が払われないと言われていました。新聞の記事やテレビのニュースも、事件の発生や犯人だと疑われた人の逮捕については大きく報道していましたが、その後のことはほとんど触れられませんでした。

最近になって、犯人が検挙された後で検察官により起訴され、どのように裁判が進むのかについての関心が高まってきました。

これは、犯罪被害者の問題や刑の重さの問題が意識されるようになったことが大きな理由だ

えられます。裁判への関心は、裁判員制度の実施が決まったことにより、さらに高まった

われます。

判員制度においては、法律家でない人が裁判官とともに有罪か無罪か、有罪のときには刑

をどうするのかまで判断しなければならないのですから、法律家でない人にとっても身

問題としてとらえられるようになったのでしょう。

員制度が始まると、このような関心はさらに深まりました。その関心の対象が刑罰へと

広がったのです。

死刑はどのような場合に言い渡されてきたのか――。

受刑者は刑務所でどのような生活をしているのか――。

罰金を支払わないとどうなるのか――

この本では、これらの疑問に応えるべく、刑罰を言い渡す手続きと刑罰について説明をしています。刑罰については、日本の代表的な刑罰である死刑・懲役・罰金を取り上げることにしました。

私は、大学院生の頃から、死刑の基準や罰金、さらにはオセアニアの国や独立していない地域の刑罰制度の研究に取り組んできました。また、刑務所や少年院など、たくさんの施設を見学してきました。

この本では、私のこれまでの研究と経験を活かしつつ、できるだけ多くの人に刑罰の中身を知ってもらうために、できるだけわかりやすく説明することに努めました。そして、正確さを損なわないように気を付けながら、できるだけ難しい言葉を使うことを避けました。

わかりやすさを目指した法律の本の中には、難しい法律の言葉を説明することに多くのエネルギーを使っているものが少なくありません。

しかし、多くの人が知りたいのは、難しい言葉の意味よりも、刑罰がどのようなことに気を付けながら、どのように使われ、運用されているのかということだろうと思います。
そのため、難しい言葉はできる限り分かりやすい表現に言い換えるようにしました。
この本を読んで、刑罰の現状や問題点について正確な知識を持っていただければこれに勝る喜びはありません。

この本を書くにあたって、関西大学出版部の強い勧めがありました。出版不況の中で法律家でない人に向けた本を書く機会に恵まれたことに感謝しています。また、素敵なイラストを描いていただいたイラストレーション・バンクさんとゼミ生の野原絵理さん、よい写真を撮っていただいたゼミ生の田仲里奈さんと近藤夏於莉さんにこの場を借りて御礼を申し上げます。

二〇一二年一月

永田　憲史

目次

第二章◉死刑のはなし

第三章●懲役のはなし

第四章●罰金のはなし——197

［イラスト］
有限会社イラストレーション・バンク
野原絵理　本文三七、五〇、二〇八ページ

［写真］
田仲里奈　本文八〇ページ
近藤夏於莉　カバー

第一章　刑罰を言い渡す手続きのはなし

裁判官には「夜勤」がある

「容疑者を逮捕」という表現は、新聞の記事やテレビのニュースなどでよく見られます。法律では、容疑者という言葉を使わずに、「被疑者」という言葉を使っています。犯人だと思われる人を逃がさないようにするなどの理由で、その人を捕まえることを逮捕と呼んでいます。刑事が被疑者に手錠を掛けて連行するシーンがテレビで放映されることもあります。

逮捕をする際には、原則として逮捕状が必要です。

「原則として」と書いたのは、いくつか例外があるからです。代表的なものを紹介しましょう。現行犯逮捕という言葉はよく聞かれると思います。犯罪をしている現場ですぐに逮捕することを現行犯逮捕と呼んでいます。現行犯逮捕の場合は、逮捕状がなくてよいのです。そもそも、犯罪をしている現場ですぐに逮捕しようとするときに逮捕状を用意している暇などないですし、犯罪をしていることが明らかだからです。

ちなみに、現行犯逮捕は、警察官以外でも、誰でもできます。犯罪が行われているときに警察に通報している余裕がないことも多いためです。

さて、逮捕状を出すのは誰でしょうか。

逮捕状を出すのは警察であるとしばしば勘違いされていますが、逮捕状を出すのは裁判官です。逮捕状を出して欲しいと警察が求め、逮捕状を出す条件を満たしていると裁判官が判断したときに逮捕状を出してもらえるのです。

では、逮捕状はいつ出してもらえるのでしょうか。

裁判所もお役所の一つですから、平日の日中に仕事をしています。裁判も平日の日中に開かれるのが普通です。

一方、犯罪が起こるのは平日の日中とは限りません。土曜・日曜・祝日、さらには夜のこともあります。逮捕状を出すよう求められるのは、平日の日中とは限らないわけです。ようやく犯人を見付けて逮捕しようと思っても、裁判官に逮捕状を出してもらわないと逮捕できません。平日の日中まで待っていたら、犯人が逃げてしまうかもしれません。

そのため、裁判所も二十四時間三六五日逮捕状を出す態勢を整えています。土曜・日曜・祝日や夜間には、裁判官を当番として待機させているのです。

令状には、逮捕状のほか、捜索や差し押さえのための令状や検証のための令状などが含まれます。家の中に犯罪の証拠がないか捜す「家宅捜索」という言葉はよく聞かれると思います。「現場検証」という言葉もよく使う言葉です。いずれも、令状が必要なのです。

東京や大阪のような大都市では、犯罪の件数も多いので、土曜・日曜・祝日や夜間でも、逮捕状をはじめとする令状を出すよう求められることがたくさんあります。そのため、夜の間ずっと、当番にあたった裁判官がいくつもの事件で逮捕状を出してよいか判断し、必要なら逮捕状を出すという仕事をしているところもあります。大都市の裁判所にはたくさんの裁判官がいますので、頻繁ではないようですが、令状当番として「休日出勤」や「夜勤」をしているわけです。

一方、地方では、土曜・日曜・祝日や夜間には、令状を出すよう求められることはそれほどないようです。

裁判所には、本庁と呼ばれる裁判所と支部と呼ばれる裁判所があります。例えば、大阪地方裁判所は本庁です。支部は、大阪地方裁判所堺支部というように本庁の支店のようなものです。

地方の裁判所の本庁や支部の場合、一部の例外を除けば、事件の数も少ないので、大都市の裁判所とは違って、夜の間ずっと、当番にあたった裁判官が逮捕状を出してよいか判断し、必要なら逮捕状を出すという仕事をしているというようなことはないようです。しかし、大都市の裁判所とは違って、多くの地方の裁判所の本庁や支部の裁判所には裁判官があまり配属されていません。大阪地方裁判所堺支部のように、地方の裁判所の本庁と同じくらい事件も多く、裁判官も相当配属されているところもありますが、支部の中には裁判官一人だけというところもあります。そのため、令状当番が頻繁に回ってくるようです。

ある裁判所では、裁判官が少ないので、夜の令状当番が一人の裁判官につき二週間連続となっているそうです。もちろん、実際に逮捕状などを出すよう求められることはあまりないようですが、毎日待機していなければなりません。裁判官は官舎で夜寝るときに携帯電話を枕元に置いて、裁判所の事務職員から連絡があったときにはすぐに出勤することになるわけです。

裁判官というと法廷で裁判をするイメージが強いのですが、台風が来ていても、吹雪の日でも、逮捕状などを出すよう求められれば、出勤しなければならない職業でもあります。

そして、裁判所の事務職員も逮捕状などを出すよう求められたときに備えて、「休日出勤」や「夜勤」をしているわけです。

今のところ、逮捕状などを出すことができるのは、その地域を管轄する裁判所の裁判官です。そのため、裁判官の負担も裁判所の事務職員の負担も裁判所ごとに違います。

裁判官や裁判所の事務職員の負担を公平になるよう、人口や犯罪発生率の変化に合わせた適正な人員配置がきちんとなされているか注意が払われなければなりません。

検証と実況見分の違い

犯行現場では、「現場検証」や「実況見分」が行われることがあります。警察などの捜査機関が犯行の現場が実際にはどのような状況なのか、犯罪の証拠がないかどうかなどを調べるわけです。

「現場検証」という言葉も、「実況見分」という言葉も、新聞の記事やテレビのニュース、さらには刑事ドラマでも見聞きする言葉です。この二つはどのように違いがあるのでしょうか。

実は、「現場検証」も、「実況見分」も、やっていることは同じです。

何が違うかというと、令状を取っているかどうかが違うのです。言い換えると、関係者に承諾をしてもらっているかどうかが違うということです。もう少し詳しく説明しましょう。

「現場検証」は、検証を許す令状を取って行われます。警察などが裁判所に検証をしたいので認めて欲しいと頼みます。法律で決められた条件を満たしていると裁判所が判断すれば、検証をしてもよいという令状を出してもらえます。その令状があれば、警察などの捜査機関は、検証をすることを嫌がる人がいても検証をすることができます。犯行現場の土地や建物の持ち主が「現場検証」をすることに反対していても、検証をしてもよいという令状を裁判所に出してもらえれば、「現場検証」をすることができるわけです。

これに対して、「実況見分」の場合、令状はありません。その代わり、関係者に承諾をしてもらっているわけです。例えば、犯行現場の土地や建物の持ち主が「実況見分」をしてもかまいませんと言ってくれていれば、検証をしてもよいという令状を裁判所にわざわざ出してもらわなくても、「実況見分」をすることができるわけです。

さて、裁判所が出す令状で最もよく聞くのは、逮捕状でしょう。逮捕状という令状がなくても、警察署に連れて行かれて事情聴取を受けることがあります。「任意同行」です。

「任意同行」も「実況見分」と同じように令状なしで行われます。

日本の警察は、いきなり逮捕するのではなく、まずは「任意同行」を求め、ある程度事情聴取をしてから逮捕状を取って逮捕することが少なくありません。「任意同行を求め、事情聴取をしています。容疑が固まり次第、逮捕する方針です」というフレーズをテレビのニュースでよく聞かれると思います。なぜ、こんなふうにいきなり逮捕をせずに「任意同行」を求めるのでしょうか。

いちばんの理由は、警察が捜査をする時間をできるだけたくさん確保したいからです。

日本では、次のように法律が決めています。

まず、警察が被疑者を逮捕すると四十八時間以内に被疑者を検察官に送らなければなりません。これが「身柄送検」と呼ばれるものです。

「書類送検」という言葉をよく聞かれると思います。これは、比較的小さな事件で被疑者を逮捕していない場合などに、事件の書類だけを検察官に送ることを言います。

さて、「身柄送検」の場合に話を戻しましょう。検察官は被疑者を留め置きたい場合、被疑者を最長十日間勾留《こうりゅう》したいので認めて欲しいと二十四時間以内に裁判所にお願いしなければなりません。ここまでで、四十八時間＋二十四時間＝七十二時間＝三日間です。

その後、裁判所に認めてもらえれば、最長十日間勾留《こうりゅう》して被疑者を留め置くことができます。勾留は一部の犯罪を除いて一回だけ延長を認めてもらえますので、さらに最長十日間被疑者を留め置くことができます。

そうすると、一つの犯罪について三日間＋十日間＋十日間＝二十三日間被疑者を留め置くことができることになります。

複雑な事件になると、捜査をするのに二十三日間では足りないようです。

他に関連する犯罪をしていれば、犯罪ごとに逮捕と勾留を繰り返すということがよくされます。

例えば、人を殺して、その被害者の死体を埋めたという事件があったとします。

まず、死体遺棄罪で逮捕と勾留で合わせて二十三日間警察の留置場に入れ、その後で、今度は殺人で逮捕と勾留で合わせて二十三日間警察の留置場に入れるというやり方がよくされています。そうすれば、合計四十六日間捜査の時間がとれるからです。

とは言え、警察が捜査をする時間がもっと欲しいと考えることも少なくありません。そのため、すぐには逮捕せずに「任意同行」で時間を稼ぐということをするわけです。

もっとも、これでは、「任意同行」が「任意」でなくなってしまう場合も出てきます。「帰して欲しい、帰りたい」と言ってもなかなか帰してもらえない場合も少なくないようです。

そうすると、裁判になったときに、違法な捜査だったのではないかということで争われることになりかねません。違法な捜査だったということになれば、犯罪をしたということが認められても、有罪判決をすることができず、処罰できなくなってしまうこともあるのです。

しかも、裁判では、事情聴取がどのような状況だったのか、詳細に調べなければなりませんから、時間も手間も相当かかることになります。

裁判のときに余計な手間を時間もかからないように、そして犯人をきちんと処罰できるように、違法な捜査だったと言われないようにすることが警察には期待されます。そして、警察を指揮する役割を持っている検察官も警察をしっかりと監督しなければなりません。

最近、関心が高まっている「取調べの可視化」は、取調べの間、録画や録音をしておいて、違法な捜査が行われていなかったか、裁判の折に確認するためのものです。違法な捜査を行わせないようにするために、「取調べの可視化」をする必要があります。

起訴された人は「被告」なのか、「被告人」なのか

犯人が逮捕され、勾留《こうりゅう》された後、勾留の期限が近付くと（→九ページ）、検察官は公訴提起、つまり起訴するかどうかを判断することになります。要するに、裁判にかけるかどうかを決めるわけです。

検察官が起訴すると、被疑者という呼び方はされなくなり、被告人と呼ばれるようになります。

「おや？」と思われた方もおられるかもしれません。新聞の記事やテレビのニュースでは、「被告」と呼ばれていますよね。

実は、「被告」というのは不正確な表現です。正しくは、「被告人」なのです。新聞などでは字数の制限があるので、二文字ですむ「被告」という表現が使われるようになったのかもしれません。

ちなみに、損害を賠償して欲しいとか、お金を返して欲しいと訴えるような民事の裁判では、訴えられる人は「被告」と呼ばれています。ひょっとしたら、こちらの言葉とごちゃ混ぜにな

ってしまったのかもしれません。

さて、起訴された人が逃げてしまって裁判に出てこないというのでは困りますし、証拠を隠してしまってきちんと処罰できないのでは大変です。そこで、起訴された人のうち、そのような困った可能性がある人は、さらに勾留することができます。起訴される前の勾留は通常の犯罪では最長二十日間しか認められていません（↓九ページ）。しかし、起訴されてからの勾留には特に期限が設けられていないのです。

ところで、「起訴される前の勾留」と「起訴された後の勾留」は、同じ「勾留」という言葉が使われていますが、勾留された人が過ごすのは、多くの場合、違う場所です。

逮捕のすぐ後でされる勾留の間は、警察の留置場に入れられる場合が大半です。政治家の事件などでは拘置所《こうちしょ》に入れられることもありますが、非常に稀です。

これに対して、起訴されてからの勾留の間は、通常、拘置所で過ごすことになります。裁判の日には、裁判所へ護送車で移動し、裁判が終わるとまた拘置所に戻されるわけです。

一方、起訴されなかった場合は、もちろん釈放されます。

また、起訴されても、逃げたり、証拠を隠したりしないだろうという場合は、釈放されます。例えば、交通事故を起こした人の場合、釈放されて、裁判の日に裁判所へ家から通うということがよくあります。

被告人が逃げないよう、拘置所に必ず入れておくべきだと思われるかもしれません。なぜ起訴された全ての人を拘置所に入れておかないのでしょうか。

一つの大きな理由を紹介しましょう。

それは、執行猶予の場合を考えているということです。裁判で有罪判決になっても、執行猶予になることがあります。執行猶予になれば、決められた期間、犯罪などをしなければ刑務所に入らずにすみます。

裁判を待つ間、拘置所に長いこと入れられていると、せっかく執行猶予になっても、そのときには仕事をクビになっているかもしれません。そうなっては、執行猶予にする意味がなくなってしまいます。仕事がなくなれば、生活に困って犯罪に手を染めてしまいかねません。

執行猶予になりそうな場合には、起訴されても拘置所に入れずに、家に帰してしまったほうがよいと考えられているのです。そうすれば、事件の前までやっていた仕事を続けることができる可能性が高まります。家族との関係も維持できるかもしれません。

検察官は、処罰に向けた手続きを進めるだけでなく、それと同時に再犯を防ぐことにも配慮をしているわけです。

保釈の保証金は有罪になると取られてしまうのか

起訴された人、つまり被告人は、通常、拘置所《こうちしょ》に入れられていますが、「拘置所から出して欲しい」とお願いをすることができます。「きちんと裁判の日には裁判所にやってくるから、家に帰して欲しい」と言うことができるのです。このように、拘置所などから被告人を出すことを保釈と言います。

では、保釈は誰にお願いするのでしょうか。警察でしょうか、検察官でしょうか。保釈を認めるかどうかは、裁判所が決めます。被告人を家に帰しても逃げたり、証拠を隠したりしないだろうかということを判断して決めるのです。

そのときにもう一つ決めることがあります。保釈のための保証金です。保釈された人がきちんと裁判の日に裁判所にやってくるように、保証金を裁判所に納めさせるのです。

もし、病気などのきちんとした理由がないのに、保釈された人がきちんと裁判の日には裁判所にやってこないと、保証金は国に取られてしまいます。

では、保証金は有罪になると取られてしまうのでしょうか。いえいえ、そんなことはありません。意外に勘違いされているのですが、判決の日まで裁判のたびにきちんと裁判所にやってくれれば、たとえ有罪になっても保証金は戻ってきます。この保証金は、犯罪をしたから支払う罰金とは違って、裁判の日にきちんと裁判所にやってくるようにするためのものなので、有罪になるかどうかは関係がないからです。

この保証金、いったいいくらくらいなのでしょうか。

保証金は、お金をたくさん持っていればいるほど高くなります。何億円ということもあります。もし全員一律にしてしまうと、お金持ちは保証金を取られてもあまり痛くないので、裁判所に出てこなくなってしまうからです。

一般庶民の場合の相場は、一五〇万円くらいからだと言われていますが、一〇〇万円未満の場合もないわけではありません。被告人が裁判の日に裁判所にやって来るよう、心理的に強制される金額を裁判所が判断しているのです。

裁判に、キチンと出廷すれば、
かならず戻ってきます。
裁判所

裁判所が保釈を認めても、保証金を預けないと、釈放してもらえません。一五〇〇万円とか三〇〇万円とかはそう簡単に用意できないので、保釈を認めてもらって二日後とか三日後にお金が用意できてようやく釈放してもらえるということも少なくないようです。お金さえ納めれば、夜遅くでも釈放してもらえるので、例えば夜の十二時少し前に釈放されることもあります。

保釈はある程度のお金がないと使えない仕組みです。そのため、一般社団法人日本保釈支援協会は、保釈のための保証金を立て替えるシステムを作りました。このシステムによって、多額の保証金を用意できなかった人でも、保証金を立て替えてもらって、保釈されることが可能になりました。とは言え、多くの場合、全額を立て替えてもらうことはできません。また、消費者金融でお金を借りることに比べれば低額ですが、立て替えの手数料が必要です。残念ながら、保釈のためには、ある程度の自分のお金が必要なのです。

みなさんは、不公平だと思いますか、それとも仕方がないと思いますか。

検察審査会は検察庁にあるのか

日本では、公訴提起、つまり起訴をできるのは原則として検察官に限られています。警察やさらには被害者が、犯人だと思う人を裁判にかけたいと思っても、それはできないのです。検察官は、全ての事件を起訴するわけではありません。起訴しない理由は、大きく分けて二つあります。

まず、起訴しても有罪に持ち込めそうにない場合です。犯人かもしれないけれど、決定的な証拠がない事件などがこれにあたります。

もう一つは、起訴すれば有罪に持ち込めるけれど、敢えて起訴しないという場合です。これを起訴猶予と呼んでいます。

起訴猶予になるのはどのようなときでしょうか。

小さな事件で、犯人が被害者に弁償をしたり、慰謝料を支払ったりしていて、被害者も処罰を望まないようなときには起訴猶予になりやすいようです。示談をして、その際に「処罰を求めません」という言葉を被害者に書類に書いてもらうのは起訴猶予にしてもらうためです。

犯罪の種類によって起訴猶予になる割合は違います。

交通事故の場合、起訴されるのはわずか一割ほどで、残りの九割は起訴猶予になっています。全治二週間以内の怪我の場合、飲酒運転やひき逃げでなければ、起訴猶予になるのが一般的です。

起訴すれば有罪に持ち込めるという事件を全て起訴していては、検察官も裁判所も大変手間がかかります。悪質で処罰をしなければならないような事件に力を集中させるためには、起訴猶予はよい制度と言えるでしょう。

とは言え、多くの交通事故が起訴猶予になってしまうのは、よくない面もあります。裁判を受ければ、ドライバーが運転するときにより気を付けるでしょうから、その機会を奪っているとも言えるでしょう。

さて、起訴すべきなのに、検察官が判断を誤って起訴しないこともあります。処罰を受けるべき人が処罰を受けずにすんでしまうことは、避けなければなりません。

そのために用意されているのが、検察審査会です。検察審査会は、最近、大物政治家の政治資金規正法違反の事件で大変注目されました。ここで、その制度について、詳しくお話ししましょう。

検察審査会ができたのは、第二次世界大戦後すぐのことです。

検察審査会のメンバーである検察審査員は、選挙権を持つ人の中からくじで選ばれます。つまり、法律家ではない一般の人が選ばれるわけです。

検察審査員は十一人です。任期は六か月で、半数ずつ入れ替わります。半数ずつ入れ替えるのは、十一人全員が法律家以外の人なので、一度に全員を入れ替えてしまうと、会議がうまく進まなくなってしまうからです。

検察審査員十一人のうち六人が起訴すべきだと判断すると、そのことが検察官に伝えられます。検察官は起訴すべきかどうかもう一度考え直し、一割ほどの事件は検察官が起訴してきました。

残りの九割の事件では、検察審査会の起訴すべきという判断があったにもかかわらず、検察官は起訴してきませんでした。検察審査会の判断に強制力がなかったからです。

しかし、二〇〇四年に法律が変わって、二〇〇九年から検察審査会には強い力が与えられました。

検察審査会の起訴すべきという判断があったにもかかわらず、検察官が起訴しない場合、もう一度検察審査会が判断できるようになったのです。二度目の判断で検察審査員十一人中八人が起訴すべきだと判断すると、自動的に起訴されるようになったのです。強制起訴と呼ばれているのがこれです。起訴するのは、指定された弁護士です。この弁護士が検察官に代わって起訴し、裁判の際に検察官役をします。実際に、兵庫県明石市で行われた花火大会の際、大混雑の中で将棋倒しになり歩道橋で多くの人が亡くなった事件や、ＪＲ福知山線の脱線事故などでは、検察審査会の判断で自動的に起訴されています。

さて、検察審査会はいったいどこにあるのでしょうか。「検察」と付いているので、検察官の働く検察庁にあるのでしょうか。

実は、検察審査会は裁判所に置かれています。検察審査会の事務をするのも、検察庁の職員である検察事務官ではありません。裁判所の職員なのです。

検察審査会が検察庁に置かれておらず、検察事務官に検察審査会の仕事をさせないのは、検察審査会が検察官と距離を置いていることを示し、それによって検察審査会の判断が公平に行われていると感じてもらうためなのです。

検察審査会はなぜ作られたのか

検察審査会（↓一八ページ）はなぜ作られたのでしょうか。

第二次世界大戦後、連合国最高司令官総司令部（ＧＨＱ）は今の検察庁にあたる検事局を特高、つまり特別高等警察と並ぶ「まずい」機関だと考えました。検事局は、特高と組んで、戦争に反対する人たちを弾圧した悪い組織だと考えられたのです。

ＧＨＱは、検察官から起訴するか起訴しないかを決める権限を取り上げようとしました。起訴するか起訴しないかは、一般の人が民主的に決めればよいと考えたのです。悪い組織を良くするためには、民主的にするのがよいと考えたわけです。アメリカの多くの州では、起訴するか起訴しないかは、一般の人が大陪審というところで多数決で決めています。そのようにすればよいと考えたわけです。

日本側は、これに反発しました。ＧＨＱの中からも、一般の人が決められるほど日本の教育の程度が高くないので、実施は難しいのではないかという声が出てきました。

こうした議論を経て、「一般の人が検察審査会の審査員になって起訴したほうがよいという判断はできるけれど、検察官はその判断に従わずに起訴しなくてもよい」という仕組みができたのです。

二〇〇四年に法律が変わって、二〇〇九年から検察審査会には強い力が与えられたことに対して、検察官出身の弁護士や大学教授の中には、「とんでもないことだ」と言う人が少なからずいます。

しかし、第二次世界大戦後に検察審査会ができたときには、起訴するか起訴しないかは、検察官ではなく、一般の人が民主的に決めればよいと考えられていたはずです。

しかも、そもそも、検察官が使っているのは国の権力のうち、行政の権力です。裁判に関係するので司法の権力であるかのように勘違いしてしまいそうになりますが、検察官は法務省のもとにある行政の職員なのです。

立法の権力を持つ国会は、多数決で物事を決めます。民主的に決めるわけです。行政も同じです。民主的な判断に基づいて、力を使わなければなりません。

起訴するか起訴しないかは、行政の力を使うか使わないかということです。ですから、起訴するか起訴しないかを、一般の人が民主的に決めることは、民主主義の国ではよいこととされるはずです。

検察審査会は、起訴しないという検察官の判断が間違っていると考えるときに、代わりに起訴する道を開くことができるようになりました。一般の人が民主的に決めることであり、このことを批判することのほうが「とんでもないことだ」と言わなければならないでしょう。

とは言え、起訴しても有罪に持ち込めそうにない場合に検察審査会が起訴すべきと判断しても、結局、有罪とならなければ、起訴されたほうも大変迷惑しますし、犯人が処罰されると期待した被害者も傷付くことになります。

起訴すれば有罪に持ち込めるけれど、敢えて起訴しなかった事件だけを検察審査会が判断できるとするのも一つの方法かもしれません。

被告人が犯人に間違いないのに弁護人は必要なのか

刑事裁判の弁護人になれるのは、弁護士だけです。弁護士という資格を持った人しか弁護人という仕事をできないわけです。

お金がない被告人には、国のお金で弁護人を付けてもらえます。とは言え、犯罪をしたことを被告人も認めているし、証拠も揃っているような場合に、国のお金で弁護人を付けるのは無駄だと思われるかもしれません。

被告人が自分はやっていないと主張するならともかく、有罪になることが確実な場合に弁護人を付ける意味はどこにあるのでしょうか。

この答えを考えるために、被告人が有罪になることが確実な場合に弁護人が何をするのかを見てみましょう。

被告人が実際に犯罪をしているとき、被告人は犯罪をして被害を与えてしまったことを反省し、二度と同じ過ちを繰り返さないようにしないといけません。本当にしっかりと反省をするためには、なぜ犯罪をしてしまったのかという動機や経緯を分析する必要があります。

学校で生徒が悪いことをしてしまった場面を考えてみてください。あるいはお子さんがおられる読者の方は、自分のお子さんが何か悪いことをしてしまったときのことを考えてみてください。

学校の先生や親御さんが一方的に怒鳴ってしまうとどうなるでしょうか。

生徒や子どもは、その場を何とかやり過ごすために、形ばかりの反省の言葉を口にするかもしれません。

「もう二度としません。反省しています」とか、「今度から悪いことをする子がいたら止められるようになりたいです」といった言葉を聞くことになりそうです。

でも、こんな言葉は借り物にすぎません。

なぜ悪いことをしてしまったのか、今度から悪いことをしないためにどんな工夫をするのかという具体的な中身が全くないからです。これではまた同じことを繰り返してしまいかねません。

弁護士のバッジの外側には、ひまわりがデザインされ、自由と正義を表しています。中央には、秤《はかり》がデザインされ、公平と平等を追求することを表しています。なくしてしまうと大変なので、ふだんの仕事ではスーツに付けないという弁護士が少なくありません。

学校の先生や親御さんがまずすべきことは、生徒や子どもがなぜそんなことをしてしまったのかを生徒や子どもの言葉で話させることです。学校の先生や親御さんとのやりとりの中で、生徒や子ども自身がなぜそんなことをしてしまったのか自分で気付くことができれば、次に同じような状況になったときに悪いことをすることを避けられるようになるかもしれません。

このように、悪いことをしても、自分だけで反省をすることは難しいのです。弁護人の力も借りつつ、被告人が自らの問題に気付くことが反省の第一歩なのです。

もちろん、心の中で反省さえすればそれで済むわけではありません。

実際に会ったり手紙を書いたりするなどして、本当に反省していることを被害者に示さなければなりません。

とは言え、いきなり加害者が被害者に会おうとしても、被害者は加害者の顔も見たくないかもしれません。また、被告人が拘置所に入れられている場合、被告人が会いに行きたくても被害者に会いに行くことはできません。

ここでもまた、弁護人の力を借りなければなりません。

弁護人は被告人が書いた謝罪の手紙を持っていったり、被告人の気持ちを伝えたりします。

そして、再犯を防ぐには、社会に戻ったときに生活が安定している必要があります。

どこで暮らすのか、どんな仕事をするのか、被告人の家族と相談できるようなら相談しながら、被告人は弁護人とともに考えることになります。

ときには弁護人が社会福祉の力も借りるよう被告人に助言したり、社会福祉の力が借りられるよう調整したりもします。

このように、被告人が有罪になることが確実な場合であっても、弁護人の仕事はたくさんあります。

むしろ被告人が有罪になることが確実な場合のほうが弁護人のやるべきことは多いのかもしれません。

お金がない被告人ほど家族がいなかったり、仕事がなかったり、住む場所がなかったりするなど問題を抱えていることが多いので、国のお金で弁護人を付ける意味は大きいのです。

ところが、国のお金で弁護人を付ける際に、国から弁護人に支払われるお金は、大変少ないのです。弁護人が真面目に取り組めば取り組むほど損になる仕組みです。

それでも、弁護人の多くは、被告人のために力を注いでいます。被告人のために努力してくれる弁護人をこれからも確保し続けることは、被告人の再犯を防ぎ、新たな被害者を生まない

方法です。

国のお金で弁護人を付ける場合に弁護人に国からしっかりお金を払うことが必要だと思います。

そして、被告人が再び犯罪に手を染めないようにするために、社会福祉の力をうまく借りられるようにすることも必要です。社会福祉の専門家である社会福祉士をお金がない被告人に国のお金で付けることも必要になってきそうです。

裁判の傍聴に行く前に

みなさんは裁判傍聴に行ったことがありますか。

最近は、学校や地域の団体など裁判所を見学して、実際に裁判を傍聴することもよくあるようです。

また、裁判員制度の実施が決まった頃から、個人で裁判の傍聴に行く人が相当増えています。裁判を傍聴したことはないけれど、機会があれば裁判を傍聴してみたいという人も少なくないようですので、裁判の傍聴に行く際に注意することや、要領よく傍聴するためのコツをお話ししましょう。

まず、刑事裁判と民事裁判のどちらを傍聴するかを決めましょう。

犯罪をしたのではないかということで起訴されて行われるのが刑事裁判です。損害を賠償して欲しいとか、土地を返して欲しいとかそういった争いで使われるのが民事裁判です。

民事裁判の場合、書類のやりとりだけがされることも多いので、傍聴しても何が行われているのかわからないことも少なくありません。

刑事裁判の場合、口頭でのやりとりが中心になりますので、傍聴していてわかりやすいのはこちらでしょう。この本を読まれる方の関心も刑事裁判にあることでしょう。

次に、どこの裁判所に行くのかを決めましょう。

自分の住んでいる近くの裁判所が便利ですが、ここで注意することがあります。

裁判所には、最高裁判所、高等裁判所、地方裁判所、簡易裁判所、家庭裁判所の五つの種類があります。このうち数が最も多いのが簡易裁判所です。

簡易裁判所でも裁判の傍聴はできます。しかし、簡易裁判所で扱う事件は小さな事件が多く、ほとんど書面だけで手続きが終わってしまうことも少なくありません。

裁判らしい裁判を見るためには、地方裁判所の裁判を傍聴するのがよいでしょう。

地方裁判所のほとんどは、都道府県の県庁所在地にあります。

中には県庁所在地が遠いという人もおられるでしょう。

その場合には、地方裁判所の支部に行かれるとよいと思います。例えば、大阪地方裁判所は本庁と呼ばれており、本店のようなものです。大阪地方裁判所堺支部は支店のようなものです。支部でも地方裁判所であることには変わりがないので、同じ手続きで裁判が行われています。

その次に、いつ裁判所に行くのかを決めましょう。

裁判を傍聴するのに、予約はいりませんし、そもそも予約はできません。

傍聴できる裁判は、平日の日中に行われています。

残念ながら、土曜日や日曜日、祝日、さらに夜間は公開されている裁判はありませんので、傍聴できません。

また、時期によって裁判があまり開かれていない時期があります。年度初めの四月上旬にはほとんど裁判が開かれていません。また、七月から九月にかけては休廷期間なので、開かれる裁判の数がかなり少なくなります。

また、裁判所によって開かれる裁判の数にかなり差があります。

東京地方裁判所や大阪地方裁判所などの大都市にある地方裁判所の本庁では、多くの裁判が開かれています。

これに対して、地方では、地方裁判所の本庁でも事件が少ないところがあります。また、通常、支部は本庁に比べて事件が少なく、一週間のうちある曜日だけ裁判を開いているというところも少なくありません。

大都市にある地方裁判所の本庁であれば、十時～十一時及

び十三時三十分～十六時の時間帯は開かれている裁判の数も多いので、傍聴しやすいでしょう。

一方、地方裁判所の支部に行かれる際には、いつ裁判があるかを事前に裁判所に問い合わせるほうが無難です。

裁判所のホームページでは、何曜日に裁判が開かれる可能性があるのかまでは見ることができますが、実際に裁判が開かれるかは裁判所へ電話で問い合わせないと分かりません。

「せっかく裁判所に行ったのに、裁判を傍聴できない」ということを避けるために、電話で問い合わせることを強くお勧めします。

なお、傍聴券の抽選をする裁判がたまにありますが、抽選の詳細は裁判所のホームページにも公開されています。

さて、いつ裁判所に行くのかとも関連することですが、どのような事件を傍聴するのかを決めましょう。

初めて刑事裁判を傍聴する場合は、裁判の手続きを一番最初から見ることができるので、一回目の裁判を傍聴するのがお勧めです。一回目の裁判は第一回公判と呼ばれています。裁判所では、「新件」とも呼ばれています。

裁判長が被告人に、「名前は」と尋ねるところから見ることができます。

覚せい剤を使ったというような事件や、被害金額の少ない泥棒などの事件であれば、一時間かからずに、「名前は」と尋ねるところから、判決の手前までの刑事裁判の流れを一通り見ることができます。

もう一つ、判決もぜひ見ておきましょう。

「主文、被告人を懲役三年に処する」というフレーズや、判決の理由を聞くことができます。覚せい剤を使ったというような事件や、被害金額の少ない泥棒などの事件であれば、判決の言い渡しは五分から十分程度で終わります。

いつ裁判が開かれているかを裁判所に問い合わせるときには、「初めて裁判を傍聴するので、覚せい剤の事件の新件と、十分くらいで終わる判決を見てみたいのですが、いつ裁判がありますか」と尋ねるとよいでしょう。

ところで、毎年、法学部には全国で五万人の学生が入学します。

理系の学部で実験をせずに卒業をすることはないでしょうが、法学部では裁判の傍聴をせずに卒業してしまう人がたくさんいます。

私が裁判官・検察官・弁護士になるための司法試験に合格したとき、一緒に合格した人が「裁判の傍聴をしたことがない」と言っているのを聞いてびっくりしたことがあります。

裁判所の敷居がなんとなく高いように感じられて、裁判の傍聴に行かないという気持ちも分かるのですが、裁判の傍聴に行かずに法学部を卒業してしまうというのはすごくもったいないと言わざるを得ません。

私は大学で教えるようになった二年目から夏休みに裁判の傍聴に行ってきなさいと学生に言っています。裁判の傍聴をしてレポートを出さないと単位をあげないというやり方をしているので、面倒だと思いながら傍聴に行く学生もいるようです。

幸いなことに、裁判の傍聴に行った感想として「行ってよかった。しっかり勉強しようと思った」という声が多く見受けられます。裁判の傍聴に行くといろいろと考えることもあり、得ることがあります。

法学部の学生の人も、法学部出身でない人も、ぜひ裁判の傍聴に足を運んでいただきたいと思います。

裁判の傍聴をするときの気配り

裁判の傍聴をする際の制約は、それほど多くありません。ただ、せっかくこの本を読んでいただく人たちにぜひ気を付けていただきたいことがいくつかあります。

裁判は、裁判に関係する人たちの人生にとって、非常に大きな意味を持っているでしょう。裁判の結果が事件の当事者の人生に非常に大きな影響を及ぼすことも多いはずです。

裁判には、被害者や被害者遺族をはじめとする事件の関係者が傍聴に訪れている可能性が大いにあります。

被害者や被害者遺族をはじめとする事件の関係者をできる限り傷付けることのないよう、真面目な態度で傍聴していただきたいと強く願います。

実は、「憲法で裁判は公開されなければならないのだから、どんな態度で傍聴してもよいのだ」と勘違いしているのではないかと思われる人が最近目立ってきています。

裁判では関係者の生い立ちや生活の状況など、プライベートな事柄がたくさん出てきます。また、被害者や被害者遺族の方にとって、裁判は被害に遭ったことを思い出して苦しいけれど、何があったのかを知りたいと思って身を奮い立たせてやってくる場所でもあるかもしれません。

ですから、次のようなことに気を付けてください。

例えば、裁判所と相談して団体で傍聴する場合を除けば、大人数での傍聴は避けるべきでしょう。大人数で傍聴すると、法廷への出入りに時間もかかりますし、静かな雰囲気を保ちにくいからです。

また、傍聴した裁判について裁判所内で会話をするのもやめましょう。裁判を傍聴すると、事件や関係者についていろいろと推測できます。ついついそれを話したくなってしまうのですが、被害者や被害者遺族をはじめとする事件の関係者がそばにいるかもしれません。そうした人たちを傷付けないような慎重な行動が求められます。

そして、裁判所や事件の関係者が不快に思うような派手なあるいは場違いな服装もするべきではありません。

ほんの少しの気配りをぜひ忘れずに裁判の傍聴をしていただきたいと思います。

裁判の傍聴に行くと

裁判の傍聴のために、裁判所に着いたら、まず何をするとよいでしょうか。

傍聴する裁判が具体的に決まっている場合は、裁判の開かれる法廷に向かいましょう。

傍聴する裁判が具体的に決まっていない場合は、どの法廷で何時からどんな事件があるかを確認しましょう。

大きな裁判所では、当日に開かれる裁判の一覧表が置いてあることも少なくありません。裁判所に到着したら、まず、この一覧表を見て当日の傍聴計画を立てると効率的に傍聴できます。その後で裁判の開かれる法廷に向かいましょう。

裁判所や裁判所の中の法廷に入るときに名前を書くよう求められたり、身分証明書を見せるよう求められたりすることはありません。

ちなみに、『裁判所ナビ』という手続きなどについてわかりやすく説明した小冊子があり、裁判所のホームページで見ることもできますし、裁判所でもらうこともできます。

裁判の最中でも法廷に入ることができます。静かに入りましょう。

裁判の最中かどうかは法廷の入口にある覗き窓を開ければ分かります。覗き窓で見ているかどうかは法廷の中にいると意外に気になるので、あまり長い時間覗いているのはお勧めしません。

法廷では私語は厳禁です。携帯電話の電源も切っておきましょう。

法廷ではメモを取ることができます。とは言え、事件の関係者の近くの席でメモを取るのは、その気持ちを考えると控えたほうがよいように思われます。

起訴された後も勾留《こうりゅう》（↓九ページ）されている被告人は手錠をされ、腰に縄が巻かれたまま法廷に入ってきます。裁判中は手錠も腰の縄も外されます。裁判が終わると、手錠をされ、腰に縄が巻かれて法廷を後にします。

一方、勾留されていない被告人は、傍聴席で自分の裁判を待っています。「傍聴人だと思っていたら、被告人だった」ということも珍しくありません。

最近は、傍聴する人がいると、事件の内容や手続きの中で争っていることを手続きの中で簡単に説明しようと努める裁判官が増えたように思います。

傍聴する人だけでなく、被告人にもわかりやすいでしょうから、よいことだと思います。

裁判では、証人が呼ばれることもあります。証人は被害者であったり、目撃者であったり、関係者であったり、被告人の家族であったりします。

関西大学には地方裁判所の法廷を模した教室があり、授業などで利用されています。
裁判員にわかりやすく説明するために、法廷にはモニタが設置されています。裁判員制度の施行に合わせて、関西大学の法廷教室にもモニタが設置されました。

通常、証人は証人を呼ぶよう求めたほうから尋ねられます。例えば、弁護人が証人を呼ぶよう求めた場合、弁護人から尋ね、その後で検察官が尋ねます。

どちらかが尋ねている最中にもう一方から文句が出ることがあります。例えば、「異議あり、検察官は誘導尋問をしています」と弁護人が異議を述べることがあります。

裁判官がその内容が正しいと考えれば、「認めます。検察官は質問を変えてください」というやりとりを見ることができます。

証人に上手に尋ねるのはなかなか難しいようです。

ふだんの生活では、自分は「～と思う」とか「～はおかしい」と主張することが多いですよね。ところが、証人に尋ねる際には、「～でしたか」と質問して自分に都合のよいことを証人に話させることで証明していかなければなりません。ふだんの生活ではまずやらないことなので、技術が必要です。

関西大学には、裁判所の法廷を模して作った法廷教室があります。

私はゼミの授業で法廷教室を使って模擬裁判をやっています。例えば、覚せい剤を使って初めて裁判にかけられた人の事件の手続きを実際にやっています。

学生が検察官や弁護人の役をし、私が被告人の役をします。検察官役の学生は被告人である私に質問をして、「この被告人は、覚せい剤をまた使いそうだ」ということを証明しようとするのですが、多くの学生が質問形式で被告人役の私からうまく言葉を引き出すのに悪戦苦闘しています。

検察官や弁護士の中には、実に上手に質問する人がいます。頭の回転だけでなく、技術も必要なのです。

裁判で検察官や弁護人が証人や被告人に尋ねる様子を見て、上手に尋ねられているかも観察してみてください。

裁判官はなぜ選挙で決めないのか

国会議員は選挙で決めます。都道府県の議会の議員も、市区町村の議会の議員も、都道府県の知事も、市長・町長・村長や東京二十三区の区長も、みな選挙の洗礼を受けます。

これに対して、裁判官は選挙で決めるわけではありません。

憲法で最高裁判所の裁判官については、国民審査を受けなければならないと決められています。衆議院議員の選挙のときに、辞めさせたいと思う裁判官の欄に「×」印を付けるというのがそれです。多数決でクビにすることができるだけで、裁判官になるときに選挙で決めているわけではありません。最高裁判所以外の裁判所の裁判官はこのような制度すらありません。

日本は民主主義の国ですから、選挙で決めるのが当然のように思えます。なぜ、裁判官は選挙で決めないのでしょうか。民主的に選挙で決めないのに、裁判官が裁判で判断を下してもよいのでしょうか。

選挙で決めている職業は、国会議員のような立法を行う職業と、都道府県の知事のような行政のトップの職業です。

これに対して、裁判官は司法の力を使う職業です。

実は、伝統的に、司法の力は、敢えて民主的でないほうがよいとされてきたのです。いったいなぜでしょうか。

民主主義の国では、日本もそうですが、立法や行政の力を使う職業につく人を民主的に選挙で決めています。国会議員や大統領を多数決で決めているわけです。そうすると、法律を作るときには多数派の意見が通りやすくなりますし、行政の力を使うときには多数派の意見に従って制度が使われることになります。

「みんなで決める」という民主的なやり方は、「みんなで決めたことは反対していた人も守る」、そして、「みんなで決めたことだから反対していた人にも守らせる」ということになります。反対していた人にもみんなで決めたことを守ってもらわなければ、みんなで決めた意味がなくなってしまうからです。

社会の中では、いろいろなことを決めて物事を進めていかなければなりません。多数決という民主的なやり方は合理的です。

しかし、多数決で物事を決めていくと、ときにはやりすぎてしまうこともあります。「いけいけ、どんどん」で進めた結果、一部の人がひどい目にあってしまうかもしれません。

ひどい目にあった人はどうすればよいでしょうか。法律を作って行政の力を使って国を動かしているのは多数派です。立法や行政に窮状を訴えても、多数派は関心を示してくれないかもしれません。少数派はどこに頼ればよいのでしょうか。

少数派が頼る先は、司法、つまり裁判所です。

このとき、司法が多数派に支配されていたらどうでしょうか。あるいは、裁判も国民の投票で民主的に決めていたらどうでしょうか。

少数派は、立法にも、行政にも、司法にも頼ることができません。

少数派が困ったときに司法が判断をして立法や行政の誤りを正すことで、少数派を助け、多数派の行き過ぎを抑えることができます。

立法や行政とは違って、司法を多数派に支配させないために、裁判官を敢えて民主的に選挙で決めないことが望ましいとされてきたのは、このようなわけなのです。

ところで、裁判所では、一人ではなく、三人、五人、十五人の裁判官が判断をすることがよくあります。裁判官の意見が分かれたときには、裁判官の多数決で結論を決めます。これは、「国民みんなで決める」ということをしているように見えますが、裁判官は選挙で決まった人ではないので、「国民みんなで決める」ということにはならないのです。裁判官を選挙で決めていないので、民主的基盤がないのです。

このように、裁判官を敢えて選挙で決めないことで、裁判所の判断も「国民みんなで決める」

ということを敢えて避けてきました。その結果、裁判所は、「少数者の人権の砦」であると言われてきたのです。

犯罪をしたと疑われて行政の一員である検察官に起訴された被告人は、少数派の最たるものです。

少数派である被告人が本当に犯罪をしたのかを敢えて民主的に選挙で決められたわけではない裁判官が判断してきました。

裁判員制度は、このような考え方とは相当異なるものです。

「国民みんなで決める」ということを敢えて避けてきた裁判の場に、国民の一部の人が入って、「国民みんなで決める」ということを導入しようというのですから、革命的と言ってよいと思います。

「司法に市民が参加する」と聞くと、民主的で大変よいことのように思えます。

しかし、民主的に決めることを敢えて避けてきた裁判の場を民主的にしてしまうことのリスクを冷静に見極める必要がありそうです。

裁判員になれない法学部の教授も

どれほど望んでも、裁判員になることができない人がいます。

裁判員は、国会の衆議院議員の選挙権を持つ人しかなれません。

そのため、未成年者や外国の国籍を持った人は裁判員になることができません。

ほかにも、裁判員になることができない職業の人がいろいろと法律で決められています。

まず、国家公務員は全員ではありませんが、その多くは裁判員になることができません。裁判員は、司法という国の力を使う仕事なので、ふだんから国の力を使う仕事をしている人たちには向かない仕事だと考えられているようです。

また、警察の職員の多くは地方公務員ですが、彼らも裁判員になることができません。警察は、犯罪の取締りをする立場ですから、警察の職員が裁判員になると、不公平になると考えられているようです。

そして、法律に関係する仕事をする人も裁判員になることができません。

法曹三者と呼ばれる裁判官・検察官・弁護士は、たとえ裁判官・検察官・弁護士を辞めても、裁判官・検察官・弁護士の経験があれば、裁判員になることができません。

特許を専門に扱う弁理士、登記などを専門に扱う司法書士、さらには裁判所の職員も裁判員になることができません。

これらの職業の人は、いずれも法律の知識があるので、裁判員になってしまうと、法律家でない裁判員が意見を言いにくくなってしまうだろうと考えられているわけです。

さて、法律を専門にする大学の教授や准教授も裁判員になることができません。かつての「助教授」は、法律が変わって「准教授」と呼ばれるようになりました。

大学の法学部には、関西大学法学部もそうですが、政治学の教授や准教授もいます。

法学部出身の人も多いですし、法学部で教えているので、一般の人よりも法律に詳しそうです。しかし、法律を専門にしていないので、政治学の教授や准教授は裁判員になることができるのです。

また、大学の教員の地位には、教授や准教授のほか、専任講師や助教などもあります。かつての「助手」は、法律が変わって、多くの場合、「助教」と呼ばれるようになりました。

専任講師や助教の人も教授や准教授と同じような正規の職員ですし、授業もすれば研究もします。そして、法律が専門の人もいます。この人たちも法律に関係する仕事をしているわけですから、裁判員になると困ったことになりそうです。

ところが、法律では、大学の教員のうち、法律を専門にする教授や准教授だけが裁判員になることができないとされています。法律を専門にする専任講師や助教の人は裁判員になることができるのです。

ちなみに、私も裁判員制度が始まる少し前まで専任講師でした。准教授に昇任して裁判員になれなくなったときに、なんとも不思議な決まりだと感じた覚えがあります。

法律を専門にする専任講師や助教の人は、裁判員の候補者として呼び出されても、その職業柄、おそらく裁判員になることはないでしょう。

そうだとすれば、裁判員になることができないとしたほうがすっきりするような気がします。

なかなか始まらないが、始まるととにかく忙しい裁判員の裁判

犯罪をしたと疑われて検察官に起訴された被告人は、裁判が始まるのを待つことになります。

ところが、重大な事件で裁判員の裁判の対象となると、裁判はなかなか始まりません。

なぜ、裁判員の裁判だと裁判がなかなか始まらないのでしょうか。

最大の理由は、いったん裁判を始めたら、できるだけ毎日裁判をして早く裁判を終わらせたいからです。

裁判員の人は、裁判官とは違ってふだんは別の仕事をしていたり、家事や子育てをしていたりするかもしれません。裁判員になった人の負担をできるだけ軽くするために、裁判の途中で裁判が中断したり、予定以上に裁判が長引いたりすることを何とかして防ぎたいからです。

そのために法曹関係者がしている二つの取り組みを紹介しましょう。

一つは、精神鑑定が必要になりそうな事件では、精神鑑定を予めしてしまうという取り組みです。

裁判員制度が始まるまでは、裁判を始めてから、必要がある場合に精神鑑定をするのが普通

でした。

　通常、精神鑑定は精神科医や臨床心理士が行います。各種の検査や面接を行うなどして犯行のときの精神状態を分析します。

　多くの場合、鑑定は二か月から三か月はかかります。

　もし、裁判員裁判で裁判を始めてから、精神鑑定を二か月から三か月すると、精神鑑定の間、裁判が中断してしまいます。これを避けたいので、精神鑑定が必要になりそうな事件では精神鑑定を予めしてしまおうというわけです。

　もう一つは、裁判員裁判で対立しそうなテーマや証拠を予め絞るという取り組みです。

　裁判員制度が始まるまでは、裁判を始めてから、検察官と弁護人が対立するテーマが明らかになり、どちらの言い分が正しいかを証明するための準備時間をとり、その後に自分の言い分が正しいことを証明するというやり方をしていました。

　もし、裁判員裁判で裁判を始めてから、検察官と弁護人が対

立するテーマが明らかになり、どちらの言い分が正しいかを証明するための準備時間をとり、その後に自分の言い分が正しいことを証明するというやり方をしていると、裁判が中断してしまいます。しかも、細かな点まで争っていると、多くの時間がかかります。これを避けたいので、対立しそうなテーマや証拠を予め絞って、事前に検察官と弁護人が準備をしておくことになったというわけです。

対立しそうなテーマを予め絞るためには、検察官が持っている証拠を全て弁護人に教えなければなりません。

これまで、検察官は、有罪に持ち込むのに都合の悪い証拠は裁判には出さずに済ませてきました。しかし、そのようなやり方をするのは公平ではありませんし、後からその証拠が存在していることが明らかになると、裁判が長引いてしまいます。そこで、検察官が持っている証拠を全て弁護人に教えることにしたのです。

このような取り組みによって、裁判員の裁判の場合、いったん裁判を始めたらできるだけ毎日裁判をして早く裁判を終わらせる努力がされています。

裁判員の裁判はなかなか始まりませんが、始まると平日は毎日裁判をすることが多いので、あっという間に終わってしまいます。

実際には、裁判所が分刻みのスケジュールを作ってそれを検察官と弁護人に守らせ、予定通りに裁判が終わるようにしています。

「予定よりも裁判が長引くと、裁判員に迷惑が掛かってしまうので、なんとかしてスケジュール通りに進めたい」と話す裁判官は少なくありません。

裁判員の裁判では、裁判員の都合や負担を考え、対立しそうなテーマや証拠を厳選して裁判をすることも仕方がないとも言えます。

しかし、どのような事件が、なぜ起こったのかを明らかにすることが、ないがしろにされてしまうのではないかという不安は消えません。

証拠は多ければ多いほど、適切な判断ができるはずです。無罪か有罪か、そしてどれくらいの刑の重さがよいのかは、できる限りたくさんの情報の中から見出されるべきでしょう。

裁判員裁判の対象となる事件数を抑えるために、重大事件が対象とされたと考えられています。しかし、裁判員の負担を考えるならば、争いが少なく、事件の背景を考えてもらいやすい、覚せい剤を使ったという事件や物を盗んだという事件を主な対象にすることも可能だったはずです。

裁判員制度の対象とするのはどのような事件がよいのか、再考すべきなのかもしれません。

裁判員の裁判では、これまでよりもかなり重い刑を言い渡してもよいのか

裁判員制度は、法律家でない人の感覚を反映させることを一つの目的にしています。

そうだとすれば、これまで懲役五年程度が言い渡されることが多かった事件に対して、懲役十五年を言い渡すことは許されるのでしょうか。

もしこれが許されるとすると、同じような事件で、懲役十五年のときもあれば、懲役十年のときもあれば、懲役五年のときもあれば、懲役二年のときもあるということになります。

このように、これまでの刑の重さの慣例を破ることにこそ、裁判員制度の意味があるという意見もあります。

しかし、裁判員が裁判員ごとにこれまでの刑の重さの慣例をいきなり大きく変えてしまうと困った問題が発生します。

同じような事件を起こしても、誰が裁判員をするかによって刑の重さがかなり違うことになってしまうのです。

これでは、刑罰の言い渡しを受ける被告人だけでなく、被害者や事件に関係しない人たちも

不公平だと感じてしまいそうです。ひいては、裁判や刑罰への信頼も揺らいでしまいそうです。

やはり、裁判員の裁判でも同じような事件には同じような重さの刑罰を言い渡さないと公平だとは言えません。そうでないと、刑の重さを決めることが、『籤引き化』してしまったり、『ギャンブル化』してしまったりするからです。

では、なぜ刑の重さの慣例ができたのでしょうか。なぜ、「これまでそのようにされてきた」ということ以上に意味がないにもかかわらず、刑の重さの慣例が守られてきたのでしょうか。

実は、なぜこれまでその種の事件に懲役五年の刑の重さが適切であったのかを理論的に説明するなどできないからです。

例えば、全治一か月分の被害について懲役一年分と決めて計算することはできます。しかし、そのとき、なぜ全治一か月分の被害が懲役一年分なのか、あるいは逆になぜ三年分ではいけないのかを説明することなんてできません。

もし、「被害者の体が傷付けられた場合は被害者が傷付けられたところと同じところを同じくらい傷付ける刑罰を傷付けた人に与える」というようなことを法律が認めていれば、被害者の痛みを加害者に同じように与えればよいわけです。「目には目を、歯には歯を」ですね。しかし、法律はそのようなことを認めていません。被害者の体が傷付けられたことを懲役〇年に無理やり換算することにしているのです。そうなると、いったい何年の懲役にしていいのか困ってしまいます。

結局、犯罪の行為や結果を懲役○年に置き換えるときには、過去の例を参考にするしかないのです。

これは、裁判官であっても裁判員であっても変わりません。

そのため、裁判員裁判では、よく似たこれまでの事件の刑の重さを調べて参考にすることができるシステムを作って使っています。

では、これまで懲役五年が言い渡されることが多かった事件に対して、それでは少し軽いので懲役六年を言い渡すことは許されるのでしょうか。

これまでの刑の重さの慣例はずっと守られなければならないわけではありません。社会や人々の感覚が変化すれば、犯罪の行為や結果に対する評価も変化するでしょう。

その変化があまりに急激だと、刑の重さが裁判員ごとにばらばらになってしまいます。これはまずいわけです。

しかし、その変化が少しずつであれば、刑の重さが裁判員ごとにばらばらになってしまうことは避けられます。

これまで懲役五年が言い渡されることが多かった事件に対して、懲役六年を言い渡すことは許されることが多いと思います。

そして、長い時間をかけて懲役十五年に近付いていくことも許されるでしょう。

刑の重さを決めることが、『籤引き化』してしまったり、『ギャンブル化』してしまったりしないように、これまでの慣例を参考にしながら、同じような事件には同じような重さの刑罰を言い渡すようにして、不公平のないようにしなければなりません。

もし、これまでの刑の重さの慣例では、「刑が軽すぎる」あるいは「刑が重すぎる」と感じるのであれば、少しだけ刑を重くしたり軽くしたりして、刑の重さの慣例をじわじわと変化させていく必要があります。

これまでに判決が言い渡されてきた事件との公平さに配慮しながら、その時代の感覚に合ったよりよい刑の重さが模索されなければならないのです。

［海外の刑罰を言い渡す手続きのはなし］

上告審はよその国で――ナウル共和国

日本では、地方裁判所や簡易裁判所の判決に不満がある場合、高等裁判所に控訴することができます。高等裁判所の判決に不満がある場合、最高裁判所に上告することができます。

このように日本では普通三回裁判を受けることができます。

国によっては一つの事件で裁判を受けることができる回数は、二回であったり、四回であったりします。

さて、日本では、地方裁判所も簡易裁判所も高等裁判所も最高裁判所も全て日本にあります。「日本の裁判所だから当たり前だ」とお叱りを受けるかもしれませんが、国によってはよその国に裁判所があることがあります。

南太平洋の小さな島国であるナウル共和国は、アホウドリの糞からできた燐《りん》鉱石で一時期巨万の富を築いた国です。

ナウルでは、三種類の裁判所があり、事件にもよりますが、普通三回の裁判を受けることができます。

ところが、ナウルでは、全ての裁判所がナウルにあるわけではありません。

ナウルでは、最後の裁判は、オーストラリアの高等裁判所ですることになっています。

もし、日本の裁判がアメリカで行われたらどうでしょうか。

独立した国家なのに、よその国の裁判所で裁判をしてもらうなんておかしいと思われそうです。

なぜナウルでは、オーストラリアの裁判所で裁判が行われているのでしょうか。

一つの理由は、人材難だと考えられます。

ナウルは人口一万人の小さな国です。

国内に大学はありませんから、法律を学ぶ人はオーストラリア、ニュージーランド、フィジーなどに留学することになります。

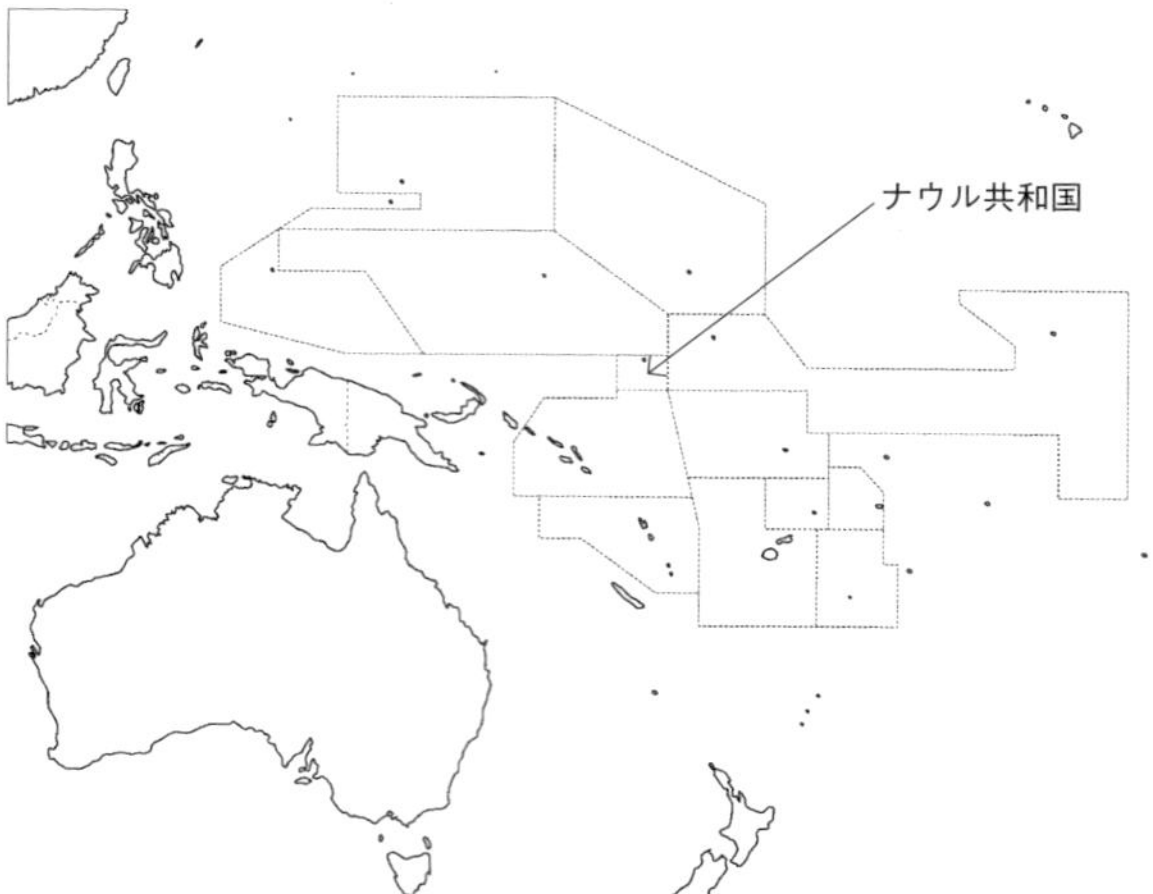

小さな国ですから、法律を学んで法律家として活動できる人は限られています。

結果として、裁判官になることができる人材も少ないわけです。

そのため、国内の裁判所で全ての裁判をすることが困難なのだと思われます。

国際貢献というと、ダムなどの大きな工事がイメージされがちですが、法律家を育てることも大切な国際貢献です。

南太平洋の国や地域では、法律家が少ないところも少なくありません。

日本が法律家の養成に協力することが期待されます。

第二章　死刑のはなし

永山基準はどのようにして生まれたのか

日本では、どのような場合に死刑が言い渡されるのでしょうか。

犯罪と刑罰に関する法律には、人が殺された事件で死刑を言い渡すことができると書いてあります。

しかし、全ての殺人事件で死刑を言い渡しているわけではありません。

裁判所は、一九八三年にある事件で死刑を言い渡す基準を述べました。この事件は、被告人の名前をとって永山事件と呼ばれています。

永山事件で被告人になったのは、犯行の当時十九歳の少年でした。彼は米軍基地から盗み出した拳銃を使って、全国四か所で四人の人を殺しました。

地方裁判所では、死刑判決が下されました。

弁護人は、死刑判決に不服だとして高等裁判所に控訴しました。

高等裁判所は死刑ではなく、無期懲役の判決を言い渡しました。

今度は、検察官は死刑にするべきだと最高裁判所に上告したのです。

このとき、最高裁判所が死刑の基準を示したのです。

この基準は永山事件の判決で示されたので、永山基準と呼ばれています。永山基準を見てみましょう。

「死刑制度を存置する現行法制の下では、犯行の罪質、動機、態様ことに殺害の手段方法の執拗性・残虐性、結果の重大性ことに殺害された被害者の数、遺族の被害感情、社会的影響、犯人の年齢、前科、犯行後の情状等各般の情状を併せ考察したとき、その罪責が誠に重大であつて、罪刑の均衡の見地からも一般予防の見地からも極刑がやむをえないと認められる場合には、死刑の選択も許されるものといわなければならない。」

これを読むと、「いろいろなことを考慮して死刑かどうかを決めましょう」ということはわかります。「犯行の罪質、動機、態様ことに殺害の手段方法の執拗性・残虐性、結果の重大性ことに殺害された被害者の数、遺族の被害感情、社会的影響、犯人の年齢、前科、犯行後の情状等各般の情状」など様々なことを考慮しましょうということです。

「その罪責が誠に重大であって、罪刑の均衡の見地からも一般予防の見地からも極刑がやむをえないと認められる場合には」というのは難しい言葉が使われていますので説明しましょう。

「罪責」というのは、犯「罪」の「責」任です。

「罪刑」というのは、犯「罪」と「刑」罰ということです。

「一般予防」というのは、犯罪者以外の一般の人の犯罪を予防しよう、つまりひどいことをした犯罪者を処罰することでみんなを威嚇して犯罪を抑止しようということです。

「その罪責が誠に重大であって、罪刑の均衡の見地からも一般予防の見地からも極刑がやむをえないと認められる場合には」というのは、「犯罪の責任が大変大きくて、そんな重大な犯罪に死刑を言い渡してもバランスが悪くないし、犯罪者以外のほかの人たちも死刑の判決を受けたのを見ればひどい犯罪をすることをやめるだろうという場合には」ということになります。そのような場合には死刑にすることも許されるというのです。

しかし、具体的にどんな場合に死刑にするのかは、これだけを読んでも分からないですよね。

最高裁判所は、この基準を示して、高等裁判所にもう一度考え直すように事件を戻しました。無期懲役を考え直すようにということですから、死刑にしなさいと言ったも同然です。

実際に、高等裁判所は死刑の判決を言い渡しました。

今度は弁護人から最高裁判所に上告されましたが、死刑の結論は変わりませんでした。

このような経緯を見ると、永山基準の持つ意味が見えてきます。

確かに、永山基準は、具体的にどんな場合に死刑にするのかをはっきり述べたものには見えません。

ただ、一つはっきりしていることがあります。

それは、四人を殺したこの被告人の事件で、「無期懲役にするのはおかしい、死刑にするべきだ」と言うためにこの基準が示されたということです。

ということは、永山基準は、「これくらいのことをすれば、死刑にしてよいですよ」という死刑を言い渡すハードルを決めたと見ることができるわけです。

法律の専門家の中には、永山基準はいろいろなことを考慮して死刑かどうかを決めましょうと述べただけで、それほど大きな意味を持たないと言う人もいます。そういう人は、永山基準の言葉だけを見ていて、どんな経緯でこの基準が示されたのかを見過ごしていると言わざるを得ません。

最高裁判所は、無期懲役ではなく死刑にするためにこの基準を作ったのですから、はっきりは言っていませんが、死刑を言い渡すハードルを決めたと見るべきなのです。

では、死刑を言い渡すハードルの高さはどれくらいなのでしょうか。そして、どのような場合に死刑を言い渡すのでしょうか。

この答えを見付けるために、永山基準が作られた後、どのような事件で死刑が言い渡されているのかを次の項から見ていきましょう。

被害者が一人だと死刑にならないのか

日本で警察などの捜査機関が把握している殺人事件の数は、年間どれくらいでしょうか。私が大学の授業や市民講座で聞くことにしている質問です。

①一、〇〇〇件
②五、〇〇〇件
③一〇、〇〇〇件

三択にして授業や市民講座で手を挙げてもらうと、答えがかなり分かれます。答えを紹介する前にもう一つ質問させてください。

警察などの捜査機関が把握している殺人事件の件数は増えているのでしょうか。横ばいでしょうか。それとも減っているのでしょうか。

さて、先ほどの答えは、①一、〇〇〇件です。

この数字を紹介すると、思ったより少ないと感じられる方が多いようです。

毎日、新聞の記事やテレビのニュースで殺人事件をたくさん目にしているような気がするからでしょうか。

そして、この件数は最近さらに減っているのです。しかも、この一、〇〇〇件という数字には殺そうとして殺すことに失敗した場合、つまり、被害者が幸運にも命拾いした例も含まれています。

殺人事件で亡くなる方は毎年六百人弱です。六百人という数はそれ自体相当大きな数です。しかし、多くの人が感じているよりも少ない数字ではあります。

日本の治安がよいというのはこのあたりの数字からも窺われます。

もし殺人事件が年間一万件起こっていたら、あるいは毎年その件数が増えていたら、犯罪者にもっともっと厳罰で臨むことも考えなければなりません。ところが、日本の殺人の件数は減っていて、多くの人が思っているよりも少ないのです。

このことは死刑の言い渡しにも影響しているでしょう。

永山基準（↓六四ページ）が示されてから死刑を言い渡すハードルはほとんど動いていません。治安が安定しているので、死刑を言い渡すハードルも安定しているのかもしれません。

では、死刑はどのような場合に言い渡されているのでしょうか。

最高裁判所で確定した死刑判決は、最高裁判所が永山基準を示してから二〇一〇年末までに一四四件あります。中には、共犯の被告人二人とか三人に死刑を言い渡した判決もありますので、実際に死刑が確定した人数はもう少し多いということになります。

被害者の数ごとに分けて見てみましょう。

二六人：一件
一九人：一件
一六人：一件

被害者数別の死刑判決数

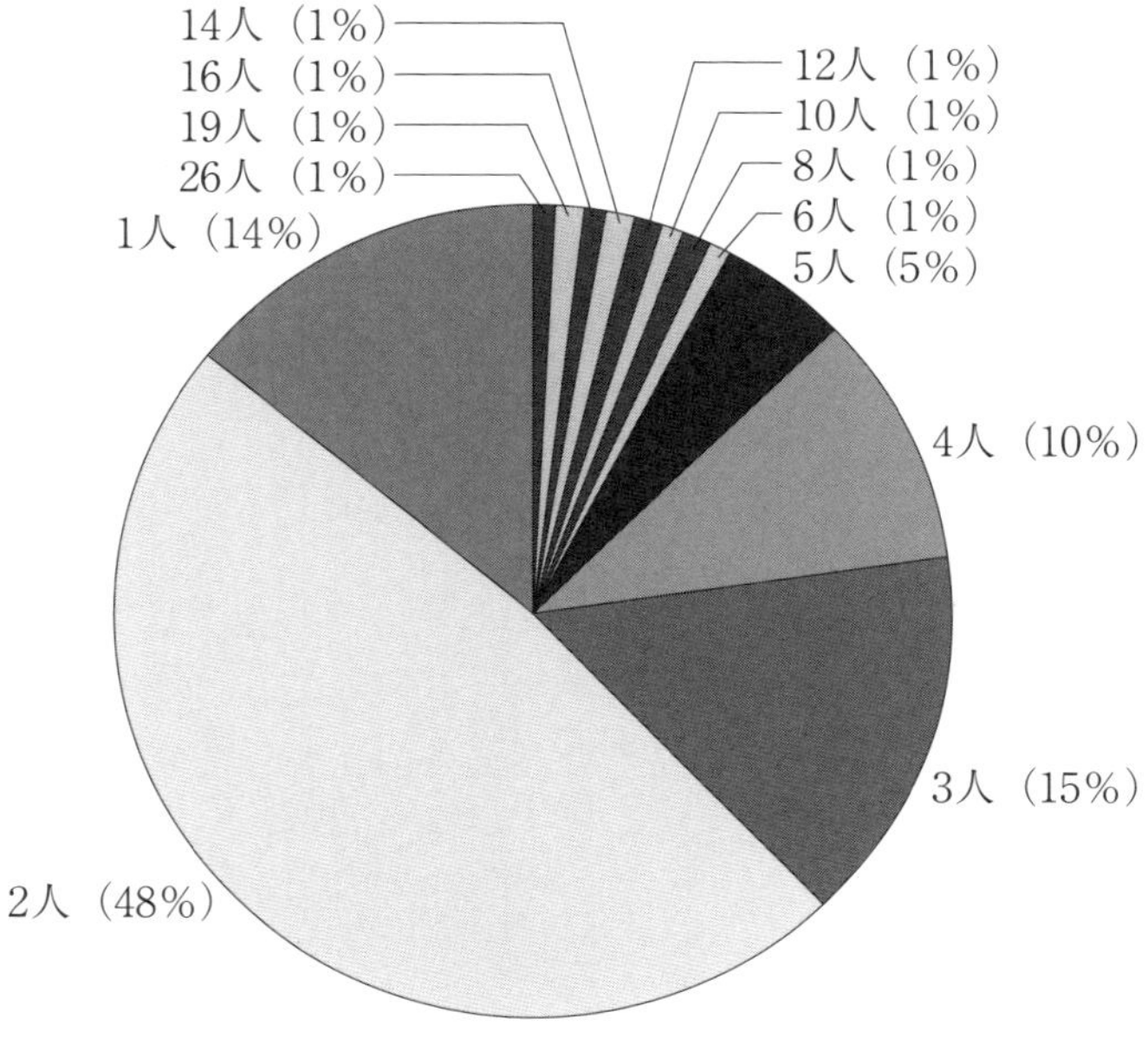

一四人：一件
一二人：二件
一〇人：一件
八人：二件
六人：一件
五人：七件
四人：一五件
三人：二二件
二人：七〇件
一人：二〇件

これを見ると、被害者二人の場合が死刑になった件数がいちばん多く、死刑になった事件のうち約半数を占めていることが分かります。

被害者一人の事件も二十件で死刑になっており、被害者一人だから死刑にならないわけではありません。

そして、被害者二人の事件と被害者一人の事件で一四四件の死刑判決のうち六割を占めているということになります。

逆に被害者が三人の場合でも、死刑にならないこともあります。

被害者の数が多ければ多いほど死刑になりやすいけれど、被害者の数だけで死刑にするかどうかを決めているわけではないことが分かります。

では、被害者の数以外のどのような点に着目して死刑かどうかを決めているのでしょうか。次の項から詳しく見ていきましょう。

反省すれば死刑から逃れられるのか

被告人が反省していれば、死刑は言い渡されないのでしょうか。

被告人が更生しそうだったり、再び犯罪に手を染めなさそうだったりすると、死刑は言い渡されにくいのでしょうか。

検察官が死刑にすべきだと言っても、裁判所が死刑ではなく無期懲役を言い渡すことがあります。

その際の新聞の記事やテレビのニュースを見ると、被告人が反省していることや被告人が更生する可能性があることを裁判所が重視したと報道されていることも少なくありません。

そのような記事やニュースを見て、「被告人が反省していたり、更生する可能性があったりすれば死刑にならないというのはおかしい」、「被告人が反省しているかなんて、更生する可能性があるかなんてわからないじゃないか」という声が出るのも当然かもしれません。

実は、裁判所が死刑ではなく無期懲役を言い渡す場合、判決文をよく読むと、被告人がした犯罪の行為や結果が死刑にするほど悪質ではないと判断されていることが圧倒的に多いのです。

裁判所は、死刑にするかどうかを決める際、被告人がした犯罪の行為や結果を重視していま
す。

逆に言えば、裁判所は、死刑にするかどうかを決める際、被告人の反省や更生の可能性を重視していません。

被告人がどれだけ反省しても、被告人がした犯罪によって惹き起こされた結果は消すことができないからです。被告人が二度と犯罪をしないと予想できても、殺された人が生き返るわけではないからです。

そもそも、被告人が心から反省しているかということや、被告人が更生するかどうかということは裁判所にもよく分かりません。人の気持ちを外から他の人が完全に理解したり、将来の生き方を正確に予想したりすることは無理だからです。

裁判所は、そのようなよく分からないことで死刑かどうかを決めるのではなく、被告人がした犯罪の行為と結果を重視して死刑が適切かどうかを決めているのです。

では、なぜ無期懲役の判決の際の新聞の記事やテレビのニュースは被告人が反省していることや被告人が更生する可能性があることを裁判所が重視したと報道するのでしょうか。

これには、判決の言い回しも影響しているでしょう。

私が書いた『死刑選択基準の研究』（関西大学出版部、2010年）では、死刑の基準について詳しく説明するとともに、永山事件第一次上告審判決以後の死刑判決を資料としてまとめています。

裁判所は、無期懲役の判決を言い渡すときに、死刑にしなかった理由をできるだけたくさん説明しようとします。

そうすると、死刑ではなく無期懲役にした最大の理由が犯罪の行為と結果が死刑にするほどではないということだとしても、他の理由も付け加えておきたくなります。

そこで、判決文には、「被告人が反省している」とか、「被告人が更生する可能性がある」などの言葉が盛り込まれるわけです。

それでは、死刑かどうかを裁判所が決める際に重視する犯罪の行為と結果とはどのようなものでしょうか。次の項で詳しく説明しましょう。

計画性があろうがなかろうが、人を殺したのだから悪質ではないのか

裁判所は、犯罪の行為と結果に着目して、死刑にするかどうかを決めています。犯罪の行為と結果のうち、裁判所が死刑にするかどうかを決める際に重視してきた事柄がいくつかあります。

第一に、犯行が何を目当てにしていたのかということです。裁判所が特に悪質としてきたのは、身代金目当ての殺人事件と保険金目当ての殺人事件です。身代金目当ての場合と保険金目当ての場合は、たとえ被害者が一人であったとしても死刑になりやすいのです。

これは、身代金目当ての場合も保険金目当ての場合も、お金を得るために標的となる被害者を決めて、様々な用意や計画をして犯行を行うので、極めて悪質だとされやすいからです。

第二に、裁判所は、殺人の前科を非常に重視してきました。人を殺して服役し、社会に戻ってきてからまた人を殺した場合、社会に戻ってきてから殺した被害者がたとえ一名であっても、裁判所は基本的に死刑を言い渡してきました。

これは、殺人の経験のある人がまた殺人をしたということで、「またやったのか」と思われやすいためです。服役して更生するどころかまた犯罪に手を染めてしまったということで、「この人は犯罪をする傾向が強い」と判断されてしまうわけです。

第三に、一度に二人を殺すよりも別の機会に一人ずつ計二人を殺すほうが悪質だとして死刑を言い渡される可能性が高いのです。

これは、殺人の前科がある場合と似ていて、「二度もやったのか」と思われやすいためです。一度人を殺して反省するどころか、また犯罪に手を染めてしまったということで、「この人は犯罪をする傾向が強い」と判断されてしまうわけです。

第四に、二人以上で犯罪をした共犯の場合に、主犯格であれば、死刑になりやすいのです。主犯格とまで言えなくても、共犯者と対等と言える場合や重要な役割を担っていたと評価される場合も死刑になることが少なくありません。

逆に、共犯者の「使いっ走り」のような従属的な立場にあった場合、死刑は回避されるのが普通です。

共犯者との関係で共犯者を引っ張るような立場にあれば、犯罪を率先して行ったということで、悪質だとされてしまうわけです。

第五に、計画性も重要だと考えられています。

特に、殺害の計画性があったかどうか、殺害の計画性があった場合にその計画性が高かったのかどうかを裁判所は非常に重視しています。殺害の計画性が高い場合や用意が周到な場合は、悪質だとして死刑になりやすいのです。

こんな話を聞くと、人を殺したことは同じなのだから、計画性があろうがなかろうが関係ないのではと思われるかもしれません。

確かに、人が亡くなったという結果は同じです。

しかし、法律は、人が亡くなった場合でも、多くの交通事故のようにうっかりミスで死なせてしまった場合と殺すつもりで殺した場合とで犯罪を区別していますし、刑罰の重さも区別しています。このことは、次のように図式化できます。

事件の悪質さ＝結果×犯人の内心

人が亡くなるという結果が同じでも、犯人が殺意を持っていた場合と、うっかりミスの場合では、犯人の内心の悪質さが違いますから、事件の悪質さも違ってきてしまうのです。

そうすると、同じように、犯人が殺意を持っていた場合でも、計画性が高いときと計画性がないときでは、事件の悪質さが違ってきてしまうということになります。裁判所は、これらの点を重視しながら死刑にするかどうかを決めています。

語弊を恐れずに言えば、死刑を言い渡すハードルは、被害者二・五人分の悪質さのところにあります。

どういうことかと言うと、被害者二人の場合、それだけでは死刑にならないということです。

この項で説明してきたような悪質な事柄があって、〇・五人分以上の悪質さがあるとされれば、死刑になるということです。ですから、被害者が二名か一名の事件で、重大な前科がなく、殺害の計画性もなければ、二・五人分の悪質さまでは届かないので、死刑にはならないということになります。

意外に多い少年に対する死刑

「少年は死刑になりにくい」と言われることがあります。本当でしょうか。日本では、犯行の当時十八歳以上であれば、未成年であっても、つまり少年（↓一三七ページ）であっても死刑を言い渡すことができます。

実際に、日本では犯行の当時少年であった犯人に死刑をどれくらい言い渡してきたのでしょうか。

日本では、第二次世界大戦後、犯行の当時少年であった三十九件で死刑が確定しています。このうち、三十一件は、最高裁判所まで争って死刑が確定しました。八件は高等裁判所の判決に対して最高裁判所に上告しなかったり、上告しても裁判をやめてしまったりして確定しました。

最高裁判所で死刑が確定した三十一件について、被害者の数ごとに分けて見てみましょう。中には、共犯の被告人三人に死刑を言い渡した判決もありますので、実際に死刑が確定した人数はあと二人多いということになります。

五人：一件
四人：六件
三人：二件
二人：一三件
一人：九件

なお、被害者一人の事件には、再審で裁判をやり直した結果、無罪だということが分かった財田川《さいたがわ》事件が含まれています。

これを見ると、少年の場合にも、被害者二人の場合が死刑になった件数がいちばん多く、死刑になった事件のうち半数近くを占めていることが分かります。

被害者一人の事件も九件で死刑になっており、少年でも被害者一人だから死刑にならないわけではありません。

被害者数別の犯行当時少年に対する死刑判決数

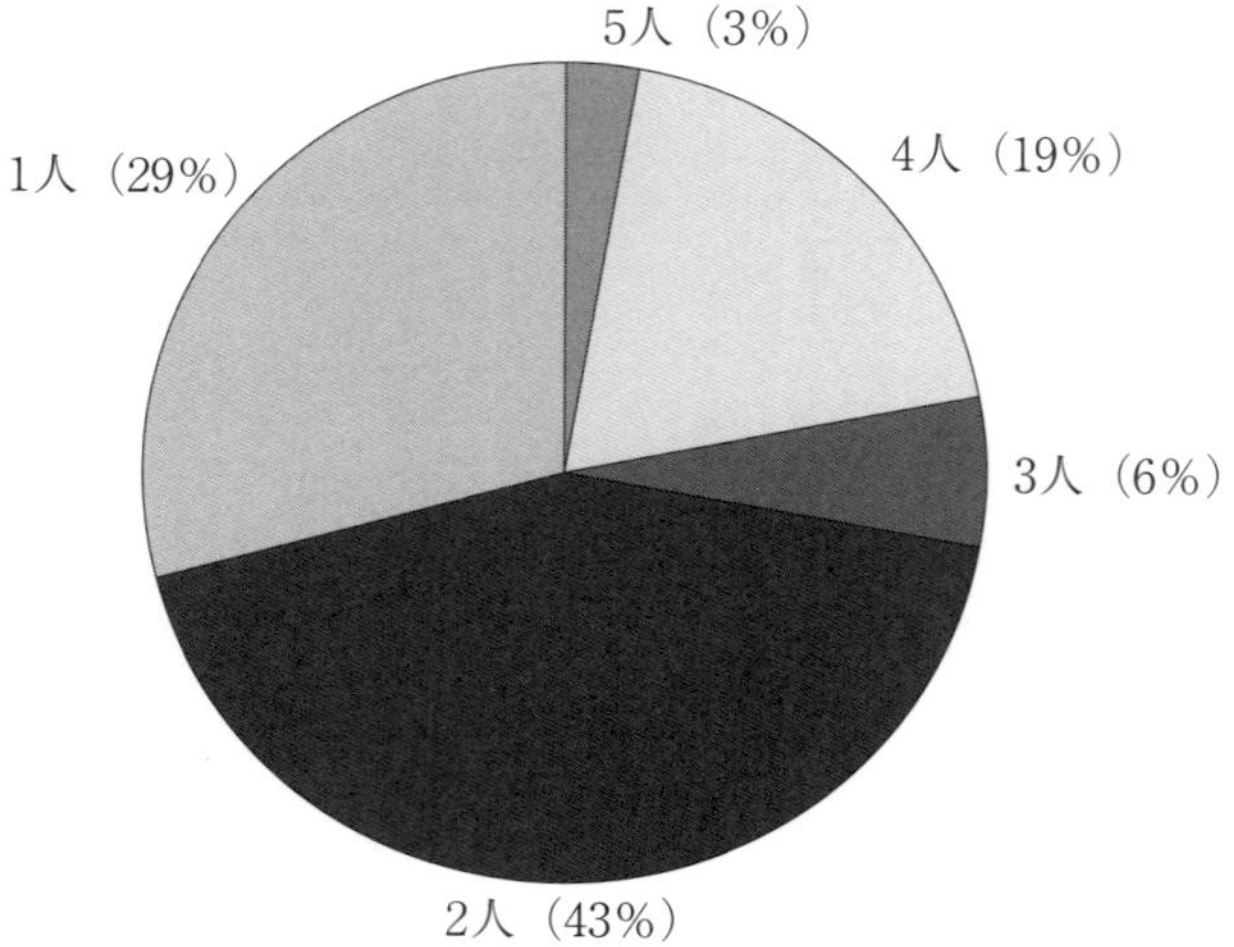

そして、被害者二人の事件と被害者一人の事件で三十件の死刑判決のうち七割を占めているということになります。

意外かもしれませんが、日本の裁判所は、少年に対しても死刑を相当言い渡してきたのです。

裁判所は、少年であるからといって、そのことで死刑にしないということはまずありません。

裁判所は、犯罪の行為と結果を重視して死刑かどうかを決めますから（→七五ページ）、死刑にするか無期懲役にするかを決める際に、犯罪をした人が大人か少年かはあまり関係がないのです。

とは言え、大人の場合もそうだったように、犯罪の行為や結果が死刑にするほど悪質でないと判断されれば、話は別です。このような傾向が戦後徐々に強まってきました。

計画性がなかったり、計画性が低かったりすれば、死刑は言い渡されにくくなります。

少年の場合、犯罪を衝動的に行ったり、犯罪の行為や結果が無計画に拡大してしまったりすることが大人よりも多いことは、想像に難くありません。精神的に成熟していませんから、物事の計画を立ててそれに沿って実行するということが難しいのです。

そのため、計画性がなかったり、計画性が低かったりするとして、死刑が言い渡されないことが多いのです。

図式化してみましょう。

少年事件も結果重視

3被告死刑　更生可能性に触れず

少年であっても、4人を殺した結果の重さを考えれば、やむを得ない――。連続リンチ殺人事件の10日の上告審判決で、最高裁は犯行時18～19歳の少年だった3被告の死刑を維持し、結果責任を重視する司法の姿勢を改めて示した。市民が加わり短期間で審理される裁判員裁判への影響を心配する声も上がる。（延与光貞）＝1面参照

「裁判員に影響」懸念

死刑が求刑された主な少年事件　（年齢は犯行時）

事件名	発生時期	年齢	死者数	一審	二審	最高裁
連続ピストル射殺事件	1968年10～11月	19歳	4人	死刑	①無期懲役 ②死刑	①破棄、差し戻し ②死刑
名古屋アベック殺害事件	88年2月	19歳	2人	死刑	無期懲役（確定）	
千葉・市川の一家4人殺害事件	92年3月	19歳	4人	死刑	死刑	死刑
連続リンチ殺人事件	94年9～10月	18～19歳	4人	1人死刑 2人無期懲役	3人死刑	3人死刑
山口・光市母子殺害事件	99年4月	18歳	2人	無期懲役	①無期懲役 ②死刑	①破棄、差し戻し ②上告中
大阪、大分連続殺人事件	2001年12月～02年1月	19歳	2人	無期懲役	無期懲役	無期懲役
宮城・石巻の男女3人殺傷事件	10年2月	18歳	2人	死刑 裁判員裁判	控訴中	

朝日新聞2011年３月11日付朝刊。犯行当時少年だった３人の被告人は４人を殺害しました。名古屋地方裁判所は、被告人の１人だけに死刑判決を言い渡しましたが、名古屋高等裁判所は、３人全員に死刑を言い渡しました。最高裁判所も名古屋高等裁判所の判断を支持しました。

×「少年→死刑にしない」

○「少年→未成熟→犯罪の計画性が高くない→死刑にしない」

言い換えると、少年であっても、犯行の計画を立てて実行するという、「大人顔負け」の犯罪の行為と結果が見受けられれば、死刑にしてきたということになります。

光市事件の最高裁判所の判決

光市事件は、十八歳の少年が山口県光市で母子二人を殺害した事件です。殺害の計画性はなく、強姦《ごうかん》の計画性がかろうじて認められるという事件でした。地方裁判所は、無期懲役の判決を下しました。高等裁判所も、無期懲役の判決でよいという判断をしました。検察官は死刑にするべきだと主張して最高裁判所に上告しました。

二〇〇六年、最高裁判所は、無期懲役はおかしいので裁判をやり直すよう高等裁判所に事件を戻しました。

法律では、最高裁判所が「高等裁判所の判断はおかしい」とはあまり言えないようになっています。なぜでしょうか。

地方裁判所や高等裁判所での裁判には、被告人が裁判に呼ばれます。地方裁判所や高等裁判所は被告人の様子を実際に見ることができるのです。そして、目撃者や被害者などが証人として証言しますので、証人が嘘をついていないか、その様子を観察することができます。

ところが、最高裁判所での裁判には、被告人が裁判に呼ばれることはまずありません。証人もまず呼びません。書類だけで判断することがほとんどなのです。

最高裁判所は被告人の様子も証人の様子も見ていません。

そこで、最高裁判所は実際に被告人や証人の様子を見て決めた地方裁判所や高等裁判所の判断を尊重しようということになっているのです。

とは言え、最高裁判所が書類を見て明らかにおかしいと思うときまで、地方裁判所や高等裁判所の判断をそのままにしておくわけにはいきません。

そのため、法律は、刑の重さが「著しく正義に反する」場合には、「高等裁判所の判断はおかしい」と言えるようにしています。単に「正義に反する」場合ではなく、「著しく」「正義に反する」場合としているところに、地方裁判所や高等裁判所の判断を尊重しようという考え方が現れているわけです。

最高裁判所は、光市事件の判決までに、「無期懲役はおかしいので裁判をやり直しなさい」として死刑を求めたことが二回あります。また、「死刑はおかしいので裁判をやり直しなさい」と無期懲役を求めたことが二回あります。

ですから、光市事件の最高裁判所の判決は、「無期懲役はおかしいので裁判をやり直しなさい」として死刑を求めた三回目の例だということになります。

「無期懲役はおかしいので裁判をやり直しなさい」と言ったことは珍しいのですが、異例とまでは言えないでしょう。

しかし、その経緯で異例と言わざるを得ないことがありました。次の項で説明しましょう。

光市事件の最高裁判所の判決はどこが異例なのか

光市事件の最高裁判所の判決（→八三ページ）は、多くの法律家を驚かせました。異例の判決だったのです。

なぜ、異例なのでしょうか。

ここでは、そのうちの主要な二つの点を紹介しましょう。

一つ目は、永山基準（→六四ページ）からすれば、光市事件の被告人は無期懲役になるはずだと考えられていたにもかかわらず、最高裁判所が「無期懲役はおかしいので裁判をやり直しなさい」と言った点です。

光市事件では、被害者が二名でした。強姦目当てでしたが、その計画性は低く、殺害の計画性はありませんでした。

そのため、犯罪の行為や結果の悪質さは、二・〇人分から押し上げられはしますが、二・二人分か二・三人分くらいで、死刑を言い渡すハードルである二・五人分には及ばないと考えられます。

にもかかわらず、最高裁判所は、「無期懲役はおかしいので裁判をやり直しなさい」と言いました。

多くの法律家は、最高裁判所は死刑の基準を変えたのかと思いました。死刑を言い渡すハードルを二・〇人分くらいのところまで下げて厳罰化することも十分可能だからです。

しかし、もし最高裁判所が基準を変えるのであれば、手続きを踏まなければなりません。この手続きは法律で決められています。

最高裁判所の裁判官は定員十五人なのですが、最高裁判所が決めた基準などを変えるときには、裁判官全員で基準を変えることを決めなければなりません。普通、最高裁判所は裁判官五人ずつ三つのグループに分かれて裁判をします。一つのグループが勝手に基準を変え、残りのグループは基準を変えないということになると、みんなが混乱します。そのために基準を変えるときには、裁判官全員で決めることにしているのです。

光市事件でも、基準を変えることを裁判官全員で決めれば、すっきりしたでしょう。ところが、最高裁判所で光市事件の裁判をしたグループは、自分たちだけで、「無期懲役はおかしいので裁判をやり直しなさい」と言いました。

実際には死刑の基準が変わったように思える判断をしたけれど、きちんとした手続きがとられていなかったのです。そのため、法律家が異例だと感じたわけです。

では、なぜ最高裁判所で光市事件の裁判をしたグループは、自分たちだけで死刑の基準を変えようとしたのでしょうか。

はっきりした理由は述べられていませんが、次のような事情があったのではないかと推測することができます。

最高裁判所で裁判官全員が集まって議論をして基準を変えるかどうかを決めようとすると、大変手間がかかるというのです。

確かに、裁判官全員が書類を読んで考えたり、日程の調整もしたりしなければなりません。そうすると、他の事件の処理が遅れてしまうというのです。

しかし、だからと言って、「手抜き」をしてよいわけではありません。

最高裁判所は、「光市事件の被告人の少年を死刑にせよ」という世間の声に応えようとしたのでしょう。社会の感覚を反映させようとしたのでしょう。

しかし、決められた手続きを踏まずに判決を下しました。しかも、それを世間の関心の強い事件で、裁判員制度の実施も近付いている大事な時期にしてしまったのです。これでは、「手を抜いて、よい格好をしようとした」と言われても仕方がありません。大変残念なことです。

さて、異例だと言えるもう一つの点があります。

光市事件の最高裁判所の判決が、最高裁判所自身によって、大切に扱われなかったことです。

最高裁判所は、重要だと考える判断については、最高裁判所が編集する専門の雑誌に載せています。そうすることによって、裁判官も検察官も弁護士も学者も、どのような事件でどのような判断をされたのか知ることができるからです。

これまで、最高裁判所が「無期懲役はおかしいので裁判をやり直しなさい」として死刑を求めたときも、「死刑はおかしいので裁判をやり直しなさい」と無期懲役を求めたときも、その全ての判決が最高裁判所の編集する専門の雑誌に載せられてきました。

ところが、光市事件の最高裁判所の判決は、最高裁判所の編集する専門の雑誌に載りませんでした。結局、光市事件の最高裁判所の判決は、裁判所の内部資料に載せられました。

これは、最高裁判所自身が、「光市事件の最高裁判所の判決は重要ではないし、みんなが参考にするようなものでない」と認めたことになります。

これには、多くの法律家が驚きました。

「最高裁判所の編集する専門の雑誌に載せないということは、最高裁判所は死刑を言い渡す基準を変えていないということだ」と多くの法律家は理解しました。

ひょっとすると、みなさんはどの雑誌に載るかがそんなに重要なのかと思われるかもしれません。

しかし、新聞やテレビでもトップニュースとして扱われるかどうかで、ニュースの重要性がわかることが少なくないはずです。

新聞でも、一面に大きく載るのと、地方版の小さな記事になるのとでは大きな違いがあります。テレビのニュース番組でも、全国ニュースの最初に報道されるのと、地方ニュースの最後に少し触れられるのでは相当違います。

法律家の多くは、「光市事件の最高裁判所の判決は、一面トップと同じ扱いだ」と思っていました。ところが、地方版の小さな十行ほどの記事と同じ扱いだったのでびっくりしたのです。

このように、最高裁判所は、永山基準ならば死刑ではなく無期懲役の事件に対して、事実上、死刑を求めました。

しかし、死刑を言い渡す基準を変える手続きを踏みませんでした。

しかも、光市事件の最高裁判所の判決に対して、「重要ではないし、みんなが参考にするようなものでない」という扱いをしました。

おかげで、多くの法律家が混乱しました。

現場の裁判官は非常に迷ったと思います。

結局、死刑を言い渡す基準は変わったのでしょうか。別の項（↓九六ページ）で説明することにしましょう。

11　特集　2008年（平成20年）4月15日（火）

光市母子殺害事件　22日に差し戻し控訴審判決

必然性の認定焦点

関西大法学部
永田憲史准教授

死刑判決の量刑基準に詳しい永田憲史・関西大法学部准教授（刑事学）に、少年事件での判決の動向や無期懲役判決を破棄して差し戻した最高裁判決の意味、差し戻し審判決の注目点について聞いた。

◇

犯行当時18歳以上であれば死刑にできる。裁判所は18、19歳という年齢で直ちに死刑判決を回避してきたわけではない。戦後の判決の動向は、主に三つの時期に分けられる。

第1期は第二次世界大戦後から昭和30年代半ばまで。殺害の計画性がなかったり乏しい事件でも、死刑判決が出ている。成人と少年を分けて扱う姿勢に乏しく、戦後の混乱などで貧困や家庭環境の悪さが特殊事情として考慮されることは少なかった。

第2期は昭和40年代まで。死刑判決は、殺害の計画性が周到である事件がほとんど。社会が安定して犯罪が減り、少年法の理念が広まって成人と少年を分けて扱おうという姿勢が強まった。

第3期は昭和50年代から現在まで。少年に対する死刑選択は慎重な配慮がなされるようになった。計画的なものや被害者数が極端に多いものに限られ、被告の家庭環境の悪さなどがより有利な情状として考慮されることが増えた。

今回の1、2審を検討すると、年齢は判決にあまり影響していない。重視されたのは犯罪の行為と結果。その際、殺害の計画性は一貫して否定されており、従来基準からすれば無期懲役の判決はとっぴなものではない。

最高裁は「著しく正義に反する」際の非常に強い手段である破棄差し戻しを行った。「犯罪事実は1、2審判決どおり揺るぎなく認められる」とし、差し戻した理由を「死刑の選択を回避するに足りる特に酌量すべき事情があるかどうかにつき更に慎重な審理を尽くさせるため」とした。

審理対象を「酌量すべき事情」に限定するかどうか問題となるが、差し戻し審では1、2審とも争っていない事実認定から始めた。事実認定の内容によって酌量すべき事情の有無や程度が異なることもあり、事実認定についても審理の対象とせざるを得ない。

また、殺害の計画性は認められていないにもかかわらず、「殺害が偶発的なものとはいえない」とした。この点が判断に大きく影響した可能性がある。殺害の必然性を認定した理由は判決文にないため、差し戻し審で被告の年齢やその精神的未熟さを踏まえながら精査し、殺害の必然性を認定できるかどうかがポイントとなる。（談）

毎日新聞2008年４月15日付朝刊

光市事件で高等裁判所が困ったこととは

二〇〇六年、最高裁判所は、光市事件（↓八三ページ）について、地方裁判所と高等裁判所が判断した無期懲役はおかしいので、裁判をやり直すよう高等裁判所に事件を戻しました。

二〇〇八年、高等裁判所は、被告人の元少年に対して、死刑の判決を言い渡しました。高等裁判所の判決を読むと、高等裁判所の裁判官は困ったのだろうということがよく分かります。

なぜ、高等裁判所の裁判官は困ったのでしょうか。

最高裁判所の判決が、「今まで通りの永山基準を使って死刑にしなさい」と高等裁判所に指示したのと同じことだったからです。

別の項で説明したように（↓八六ページ）、光市事件の最高裁判所の判決は異例のものでした。最高裁判所は、事実上、死刑を求めました。しかし、死刑を言い渡す基準を変える手続きをしませんでした。しかも、後になって、光市事件の最高裁判所の判決は、「重要ではないし、みんなが参考にするようなものでない」という扱いをしたのです。

「今まで通りの永山基準を使って死刑にしなさい」と言われても、これまで死刑を言い渡してきたハードルに被告人の悪質さは届きません。二・二人分か二・三人分の悪質さですから、二・五人というこれまでのハードルには届かないのです。

困った高等裁判所は、被告人の反省が足りないということで被告人の悪質さを押し上げようとしました。これでなんとか二・五人分の悪質さになったのです。ようやく死刑を言い渡すことができるようになりました。

判決を読むと、高等裁判所のこの辺りの苦労がよく分かります。

もし、被告人の犯罪の行為や結果の悪質さだけで死刑を言い渡すハードルを超えることができるのであれば、犯罪の行為や結果の悪質さを強調すれば済みます。反省しているかどうかは少し触れておけばよいのです。

ところが、犯罪の行為や結果の悪質さだけでは死刑を言い渡すハードルを超えることができないので、被告人が反省していないことを判決文の中で非常に強調しています。反省しているかどうかを長く説明する判決は珍しいのです。

新聞やテレビでコメントをした人の多くは、「ひどい犯罪だったから死刑になった」と説明しました。

しかし、判決文を読むと、「犯罪自体では死刑にできなかったけれど、死刑にするための材料をかき集めてなんとか死刑にした」ということがよく分かります。

それにしても、高等裁判所が被告人の反省していないことを取り上げて悪質さをかさ上げしたのは、禁じ手を使ったと言わざるを得ません。

なぜかと言うと、これまで裁判所は犯罪の行為と結果を重視して死刑にするかどうかを決めてきたからです（↓七五ページ）。

これまで、裁判所は被告人が反省していても、犯罪の行為と結果が悪質であれば、死刑にしてきたわけです。

被告人が反省していないから悪質さが大きくなるとして死刑にするのであれば、被告人が反省しているから悪質さが小さくなるとして死刑にしないということもしなければなりません。

これは、裁判所のこれまでの姿勢とは違います。

犯罪の行為と結果は誰の目にも分かりやすいけれど、反省しているかどうかはよく分からないということもあって、犯罪の行為と結果を重視してきたという面もあったはずです。

やはり、「今まで通りの永山基準を使って死刑にしなさい」という最高裁判所の指示に無理があったと言わざるを得ません。

最高裁判所が被告人を死刑にしたかったのであれば、手続きを踏んで、基準を変えるべきでした。

最高裁判所が手続きを踏んでまで基準を変えるのは面倒だと思ったのであれば、無期懲役のままにしておくべきでした。「死刑にしたい。でも、手続きは踏みたくない。高等裁判所よ、後はよろしく頼む」というのは、最高裁判所としてやってはいけないことだったと思います。行政機関ではよく行われていることかもしれませんが、司法の最高機関である最高裁判所が行うのは、その信頼を大きく損ねてしまう「禁じ手」だったのではないでしょうか。

光市事件の最高裁判所の判決で死刑の基準は変わったのか

二〇〇六年に下された光市事件の最高裁判所の判決で、死刑の基準は変わったのでしょうか。これまでの基準であれば無期懲役であった事件で死刑を求めて高等裁判所に事件を戻したわけですから、「死刑を言い渡すハードルが下がって厳罰化したのだ」という人も少なくありません。

しかし、最高裁判所は、基準を変える際にするはずの手続きをしていません（→八七ページ）。また、最高裁判所が編集する専門の雑誌に光市事件の最高裁判所の判決は載せられませんでした（→八九ページ）。いったい最高裁判所は死刑の基準をどう考えているのでしょうか。

その大きな手掛りとなる最高裁判所の判断があります。

二〇〇九年、最高裁判所は、検察官から死刑を求めて上告された二つの事件で判断を下しました。どちらの事件も、高等裁判所が無期懲役の判断を下していました。

二つの事件を詳しく紹介しましょう。

一つ目の事件は、保険金目当ての事件です。被告人はその家族二人を殺しました。

この事件は、計画性がやや低かったのですが、保険金目当てですから、従来の基準からしても死刑になりやすいと言えます（↓七五ページ）。

二つ目の事件は、お金目当ての強盗事件です。被告人は大阪と大分で一人ずつ命を奪いました。

この事件の被告人は、中国からの留学生で、犯行当時十九歳の少年でした。被告人は、大阪の事件でも、大分の事件でも、共犯者に対して従属的でした。大阪の事件では殺害を計画していましたが、大分の事件では殺害を計画していませんでした。二つの事件で殺害を計画しているかいないかが違うので評価が難しいのですが、大阪の事件から わずか三週間後に大分の事件を起こしており、「すぐにまたやったのか」と思わせるので（↓七六ページ）、死刑の可能性も十分ありそうです。

いずれも、従来の基準であっても死刑になりそうな事件で、光市事件よりも悪質だと言えます。

光市事件の最高裁判所の判決で、死刑を言い渡すハードルが下がって厳罰化したのであれば、どちらの事件も「無期懲役はおかしいので裁判をやり直すべきだ」と高等裁判所に事件が戻される可能性が高そうです。

最高裁判所の判断が注目されました。

結局、最高裁判所はどちらの事件も無期懲役でよいと判断しました。

どうやら、最高裁判所は死刑を言い渡す基準を変えていなかったようです。最高裁判所は、二〇〇六年の光市事件の判決の際に、基準を変える手続きをしていませんでしたし、最高裁判所が編集する専門の雑誌に光市事件の最高裁判所の判決を載せませんでした。これらのことは、死刑を言い渡す基準を変えていなかったからだったのだということがはっきりしました。

逆に言うと、「死刑を言い渡すハードルが下がって厳罰化したのだ」というのは間違いだったということが分かりました。結果として、光市事件の被告人の少年だけが例外的に厳罰を受けることになりました。

なぜ、最高裁判所が光市事件の被告人の少年だけ厳しく処罰しようとしたのかは説明がないのでよく分かりません。

それにしても、最高裁判所は、裁判員の裁判も始まる時期に、なんとも分かりにくいことをしたものです。

死刑の言い渡しを受けた少年三人の共通点

永山事件の被告人の少年は、米軍基地から盗んだ拳銃を使って全国四か所で四人を殺しました。最高裁判所が永山基準を示した事件です。

光市事件の被告人の少年は、山口県光市で母子二人を殺害しました。最高裁判所が無期懲役はおかしいので裁判をやり直すよう高等裁判所に事件を戻した事件です（↓八三ページ）。高等裁判所は、死刑判決を出しました（↓九二ページ）。

石巻事件の被告人の少年は、宮城県石巻市で元交際相手とその家族を殺害しました。裁判員の裁判で初めて死刑判決が出された事件です。

永山事件の被告人の少年。
光市事件の被告人の少年。
石巻事件の被告人の少年。

この三人の被告人の少年には、共通点があります。

その共通点とは、何でしょうか。

三人とも重大な事件を起こした点は共通しています。

もう一つ共通していることがあるのです。

それは、虐待を受けていたということです。

永山事件の被告人の少年は、北海道網走市で親に置き去りにされ、厳しい冬を幼い兄弟だけで過ごしました。ネグレクト（養育放棄）だったわけです。

光市事件の被告人の少年は、実の父親から激しい暴力を受け続けていました。身体的虐待を受けていたわけです。

虐待を受けた児童は、こころだけでなく、からだも成長を妨げられることが多いそうです。光市事件の被告人の少年を裁判所で見た新聞やテレビの記者の多くは、びっくりしたそうです。被告人の少年は、体が小さく、幼い感じで年齢相応に見えなかったからです。

石巻事件の被告人の少年は、実の母親から激しい暴力を受け続けていました。この少年も、身体的虐待を受けていたわけです。

虐待を受けると、「自分が大切にされている」という感情を持つことができません。自分を大切に思えなければ、他人も大切に思えず、犯罪や非行で他人を傷付けてしまいやすいのです。

もちろん、虐待を受けたからと言って、犯罪をしてよいわけではありません。他人を傷付けてよいわけではありません。

「○○だったら」とか、「○○であれば」と言っても仕方がないのかもしれません。

けれど、「三人が受けていた虐待に周りが気付き、適切に対応してくれていれば、被告人も苦しまず、被害者も傷付かずに済んだかもしれないのに」と思わざるを得ません。

裁判員制度の実施で死刑の基準はどうなるのか

裁判員の裁判では、死刑を言い渡す基準はどのようになるのでしょうか。

これまで使われてきた永山基準は、どうなってしまうのでしょうか。裁判員の裁判では、死刑を言い渡すハードルはどうなるのでしょうか。

裁判員の裁判では、死刑を言い渡すハードルがこれまでよりも下がって、死刑の言い渡しが増えるという意見があります。厳罰化の傾向を反映するというのです。

逆に、裁判員の裁判では、死刑を言い渡すハードルがこれまでよりも上がって死刑の言い渡しが減るという意見もあります。裁判員が自らの手で死刑を言い渡すことを嫌うというのです。

もう一つ、このようにも考えられます。裁判員の裁判でも、死刑を言い渡すハードルはこれまでと変わらず、死刑の言い渡しの数は変わらないという可能性です。

裁判員にとって、死刑の判断は重いものでしょう。一方で、裁判員は犯罪の被害の大きさにも配慮することでしょう。そうすると、これまでの基準よりも死刑を言い渡すハードルを下げることも、上げることもためらわれそうです。

そして、これまでの基準である永山基準について詳しく説明を受ければ、永山基準の死刑を言い渡すハードルがある程度合理的であるということも裁判員に理解されそうです。結果として、裁判員がこれまでの基準を踏襲することも、十分考えられます。

理屈の上では、永山基準を最高裁判所は変えていないので（↓八七ページ）、永山基準に従って判断すべきなのです。この理屈からは、裁判員の裁判でも死刑を言い渡すハードルをこれまでと変えず、死刑の言い渡しは変わらないということが支持されます。

実際、裁判員の裁判で死刑にするかどうかが問題となった事件では、これまでの基準で判断されています。

死刑の基準は、裁判員の裁判でも、当分の間、これまでと変わらないということになりそうです。

死刑と懲役を一緒に言い渡せるのか

重大な事件をいくつも起こした被告人に対する判決の際、死刑を一度に二つ以上言い渡すことができるのでしょうか。死刑を二つあるいはそれ以上言い渡せるという国もあるようですが、日本では認められていません。

では、同じような場合に、死刑だけでなく、懲役も一緒に言い渡せるのでしょうか。懲役で刑務所に服役させてから、死刑にすることは可能でしょうか。

日本では、これも認められていません。

死刑は最も重い究極の刑罰ですから、他の刑罰を受ける意味があまりないと考えられているようです。そのため、死刑と罰金を一緒に言い渡すことも認められていません。

死刑と他の刑罰を一緒に言い渡すことは、原則として認められていないのです。ただ、死刑と一緒に言い渡すことができる刑罰の例外が一つだけあります。それは、没収です。

犯罪に使われた道具や、犯罪から得られた物などを国が取り上げてしまう刑罰が没収です。殺人事件であれば、ナイフや包丁などの凶器、殺害の報酬などを没収することができます。それによって、危険な物や不正な物を社会から取り除くことができます。

犯人を死刑にしても、凶器をそのままにしておいては、安心できませんよね。没収だけが死刑と一緒に言い渡すことができるとされているのは、危険だったり、不正だったりする物をそのままにしておかないためなのです。

法律では、死刑・懲役・罰金などの刑罰が「主刑」に分類されているのに対し、没収は「付加刑」に分類されています。「主刑」は、それだけを言い渡すことができます。つまり、死刑だけ、懲役だけ、罰金だけという言い渡し方が可能です。これに対して、「付加刑」である没収は、これだけを言い渡すことはできません。「主刑」の刑罰と一緒に言い渡すことしかできないのです。

最近、没収は、暴力団などの組織犯罪で活用されるようになってきています。覚せい剤などの薬物や、薬物を売って得たお金を没収する枠組みが法律で整備されるようになりました。法律を変えて、没収をもっと使いやすくする必要があると思います。

最高裁判所で判決が出てもすぐには確定しない

例えば、地方裁判所で死刑判決が出ると、弁護人や被告人の多くは高等裁判所に「控訴」します。高等裁判所が死刑でよいという判決を出すと、弁護人や被告人の多くは最高裁判所へ「上告」します。

最高裁判所も死刑でよいという判決を出すと、いよいよ死刑が確定することになりそうです。ところが、このような場合に、新聞記事やテレビのニュースを見ていると、「死刑判決確定へ」という表現を見ることがあります。実は、これは大変正確な表現なのです。

最高裁判所の判決が出れば、すぐさま、「死刑判決確定」となりそうです。にもかかわらず、「死刑判決確定へ」と表現されるのはなぜでしょうか。

最高裁判所で判決が言い渡された後、弁護人や検察官などは、十日以内であれば判決を訂正するよう、申し立てをすることが法律で認められています。そのため、弁護人は、「死刑は誤りで、無期懲役ではないでしょうか」と判決を訂正するよう申し立てをするのです。

もともと、この決まりは、判決文に誤字などの小さなミスがあって、訂正をするためのものでした。判決の内容を変更することを意図していたものではありません。しかし、死刑になることは非常に重いことですから、弁護人が「被告人の利益のためになんとか手を尽くしたい」と考えて行うようになったのでしょう。遅くとも昭和五十年代には、このような慣行が定着したようです。

もちろん、最高裁判所はこのような申し立てがあっても、「そうですね」とは言ってくれません。最高裁判所は申し立てをしてだいたい十日前後で、申し立てのほうが間違っていること、つまり死刑が正しいという判断をします。この判断がされて初めて判決が確定するのです。

「死刑判決確定へ」という表現は、「最高裁判所が判決を出したので、死刑判決はおそらく確定をするだろう。しかし、まだ判決の訂正を申し立てる手続きが残っているので確定はしていない。とは言え、判決の訂正はされないだろうから、間もなく死刑判決が確定するはず」という意味を、「へ」の一文字だけで端的に表現した当を得たものだと言えましょう。

最高裁判所が死刑の判断をしたという新聞の記事やテレビのニュースを見る際には、「死刑判決確定へ」という表現を注意して見ていただきたいと思います。

死刑にも時効があった

時効というと、犯人が分からなかったり、分かっていても捕まらなかったりして、処罰できなくなってしまうことをイメージされる方が多いと思います。

この時効のことを正確には「公訴時効」と言います。

公訴時効は、検察官が裁判所に公訴提起、つまり起訴をできる期間を決めています。たまにテレビドラマで公訴時効を迎える一分前に刑事が犯人を逮捕してニヤリと笑うというシーンを見ることがあります。

公訴時効は起訴をできる期間を決めているものですから、公訴時効を迎える前に検察官が書類を裁判所に出して起訴しなければ処罰できないのです。公訴時効を迎えるまでの一分間に起訴しなければ、ニヤリと笑うのは犯人になってしまうわけです。

さて、もう一つの時効があります。こちらのほうは、「刑の時効」と呼ばれています。

刑の時効は、検察官が裁判所に起訴し、裁判所が有罪判決を出して確定したときから、カウントがスタートします。刑罰を受けさせることのできる期間を決めているというわけです。

刑の時効は、刑罰の重さによって期間が決められています。

かつて、死刑の場合は、三十年とされていました。

もし、死刑が確定した人が逃亡し、三十年経てば、死刑の執行、つまりその人を絞首刑にすることはできなくなるとされていたのです。

実際のところ議論があったのは、次のような場合です。死刑が確定すると、拘置所《こうちしょ》に移されます。拘置所には、裁判が始まるのを待っている人や裁判中の人が主に入っていますが、死刑が確定した人も入るのです。そして、拘置所で死刑の執行をします。

最近は、死刑が確定してから平均して二年から三年で死刑が執行されています。しかし、かつては、三十年以上にわたって死刑が執行されないことがありました。

そこで、死刑の時効が三十年ということが問題になったのです。

死刑の場合、刑罰の内容は死刑を執行すること、つまり絞首して殺すことです。だとすれば、死刑を執行しないまま三十年経てば、逃亡中の場合と同じように、時効にかかって死刑を執行できなくなるのではないかと考えられたのです。

これに対して、死刑の場合、刑罰の内容は死刑の執行だけではなくて、死刑の執行の準備のために拘置所に入れておくことも含まれるという考え方が出てきました。死刑の執行の準備のために拘置所に入れていれば、刑罰を受けていることになるので、死刑の時効のカウントは進まなくなると言うのです。

法務省はやや苦しい説明ですが、「時効にかかっておらず、死刑を執行できる」としました。そのような考え方をとるのであれば、もう少しきちんと法律に書いておくべきではないかという声は強かったのですが、そのようなことがなされないまま推移していました。

二〇一〇年になって、死刑の時効はなくなりました。

最初に出てきた公訴時効について、殺人などの重大な犯罪の場合は期間を決めずに、永久に処罰できるようになりました。この改正と合わせて、死刑の時効もなくなったのです。何年経とうが死刑を執行できるということになったということは、逃げ得を許さないわけですから、正義に適うことです。

ただ、もし、死刑が確定した人が逃亡したとすると、百年経とうが、二百年経とうが、人間の寿命からしてもう死んでいるという期間が経とうが、死刑を執行するために事件や裁判に関する記録を残しておくべきだということになります。記録の保存については、もともと法律で決めていましたが、どのようにいつまで記録を保存するのか、改めて検討する必要があると思います。

無期懲役になると何年くらいで刑務所を出てくるのか

たまたまテレビを見ていると、ある人気番組で死刑の話が取り上げられていました。司会者は、「無期懲役になっても二十年経てば刑務所を出てくる。そうすればまた犯罪をするかもしれない。無期懲役では軽い。死刑が必要だ」と話していました。

なるほど、確かに、重大な犯罪をした人が無期懲役になってまた社会に戻ってくるということになれば、再犯のリスクが高そうです。「再犯のリスクをなくしてしまうために、重大な犯罪をした人を死刑にしてしまえばよい」という考え方は、説得力がありそうです。

ところが、この話、そもそも「無期懲役になっても二十年経てば刑務所を出てくる」というところが間違っているのです。それでは、無期懲役になると、何年くらいで刑務所を出てくるのでしょうか。

無期懲役は、受刑者を刑務所から釈放する時期を定めていません。懲役三年という刑罰であれば、三年経てば必ず釈放されます。しかし、無期懲役は、何年経てば必ず釈放されるというようなことはありません。

もっとも、無期懲役にも仮釈放が認められています。あくまで、「仮」ですから、社会に戻って、犯罪をしたり、約束を守らなかったりすると、刑務所に戻らなければなりません。法律では、無期懲役で服役してから十年経つと仮釈放を認めることができます。法律が決めているのは、「できる」ことであって、「しなければならない」というわけではありません。

かつては、無期懲役で服役してから十二年、十四年で仮釈放になることもありました。その期間は、徐々に長くなってきました。そして、二〇〇〇年頃から急に長くなり、最近では三十年以上経ってからようやく仮釈放になるという状況です。

しかも、二〇〇〇年頃から無期懲役で仮釈放になる人がほとんどいなくなりました。厳罰化で無期懲役になる人は増えました。そして、十年以上服役している人も増えました。しかし、仮釈放になる人は逆に減ってほとんどいなくなったのです。

無期懲役で仮釈放になっているのは、無期懲役でもかなり軽い事件の人が多いと言われています。死刑か無期懲役かが争われて無期懲役になった人は、仮釈放にまずなりません。例えば懲役二十年か無期懲役かが争われて無期懲役になったような人が仮釈放になっているようです。

このように、無期懲役の仮釈放はほとんど認められず、認められても三十年以上服役した人だけというのが現状です。そのため、無期懲役は、「事実上の終身刑」になったと言われるようになりました。

最初に触れたテレビの司会者が話していたことは、ずいぶん昔の話なのです。ではなぜ、無期懲役の仮釈放はほとんど認められず、認められても三十年以上服役した人だけという状況になったのでしょうか。

法務省は何も説明していませんが、大きな理由として、無期懲役で仮釈放になった人の再犯が挙げられると思います。

殺人を犯して無期懲役となり、仮釈放になったものの、また殺人を犯してしまったという例がいくつかあります。「そんな人を仮釈放にしたのは失敗だったのではないか」と法務省は考えたのかもしれません。厳罰化の風潮の中、無期懲役の受刑者を仮釈放にしてまた殺人事件を起こされてしまったら、強い批判を受けるでしょうから、それを避けたいと考えたのかもしれません。

無期懲役の仮釈放がほとんど認められないという状況は、死刑か無期懲役かの判断にも影響しそうです。

無期懲役の判決を下しても、仮釈放になることはまずありませんから、再犯の可能性はなく、社会の安全は守られます。社会に戻れない以上、社会の中での再犯はありえませんから、たとえ被告人の再犯可能性や矯正可能性が高くても死刑にしなくてもよくなったと言えます。

特に裁判員裁判では、「死刑を言い渡すのは抵抗感があるし、再犯の可能性がないなら、無期懲役でもよい」と考える裁判員も少なくないでしょう。無期懲役の事実上の終身刑化は、死刑の判断に大きな影響を及ぼすかもしれません。

終身刑を導入すると刑務所の職員はなぜ困るのか

最近、死刑をなくしてしまうべきだという論者からも、死刑をそのままにしておくべきだという論者からも、終身刑を導入しようという意見がよく聞かれるようになりました。

終身刑とは、仮釈放を認めず、受刑者を刑務所にずっと入れておく刑罰です。

死刑をなくしてしまうべきという論者は、「死刑をなくしてしまったときに、いちばん重い刑罰が無期懲役というのは軽いのではないか」と考えているようです。無期懲役は、法律では仮釈放ができることになっていますから、仮釈放を認めない終身刑のほうがよいと主張するわけです。「死刑をなくしてこれからは無期懲役で」というよりも、「死刑をなくしてこれからは終身刑で」というほうが、死刑をそのままにしておくべきと考える人を説得しやすいと考えているのかもしれません。

一方、死刑をそのままにしておくべきという論者は、死刑と、その次に重い刑罰である無期懲役の差が大きいことを問題にしています。無期懲役は、法律では仮釈放が認められていますから、仮釈放を認めない終身刑のほうがよいと主張するわけです。

実際には、前の項で書いたように、無期懲役は、「事実上の終身刑」になっていますから、終身刑を導入する実益はほとんどないといってよいでしょう。

むしろ、実際に導入した国の様子を見ていると、終身刑を導入した際に無視できない問題が起こっており、導入をためらわされます。

例えば、西ドイツ時代のドイツでは、いちばん重い刑罰として、終身刑が導入されました。その結果、二つの問題に悩まされることになりました。

一つは、終身刑の受刑者が、「自分は刑務所から一生出られない」と絶望してしまい、精神を病んでしまう例が相次いだことです。

「終身刑は残虐な刑罰なのではないか」と批判されることになりました。

もう一つは、より深刻な問題です。

終身刑の受刑者は、どれほど真面目に過ごしていても、刑務所から一生出られません。逆に言えば、刑務所の職員や他の受刑者に暴力を振るったり、乱暴なことをしたりしても、刑務所から逃走しようとして失敗しても、刑務所から一生出られないことに変わりはありません。そのために、受刑者の中には、刑務所での服役態度が悪く、暴力事件を起こす人も出てきてしまったのです。

もし、死刑がそのままにされていて、終身刑が作られた場合でも、刑務所の職員や他の受刑者を殺してしまわない限り、死刑になることはないでしょうから、「荒れる」受刑者が出てきてしまうことは避けられそうにありません。

こんな話を聞くと、事実上の終身刑となっている無期懲役も、終身刑と変わらないのではないかと思われるかもしれません。

しかし、人間というのは不思議なものです。

「絶対に刑務所から出られない」と聞くのと、「おそらく刑務所から出られないだろうけれど、可能性がないわけではない」と聞くのとでは、受刑者の心理状態はかなり違うようです。

真っ暗闇のトンネルの中では、パニックになって自暴自棄になってしまうかもしれませんが、小さくても光が見えれば冷静になることができるのと似ているかもしれません。

今の無期懲役であれば、刑務所の職員は、「真面目にしていれば、時間はかかるかもしれないが、仮釈放になる可能性がある。辛抱して頑張ろう」と受刑者に伝えることができるでしょう。実際、ごくごくわずかですが、無期懲役の受刑者が仮釈放になっています。たとえ一人でも仮釈放になっている人がいるということは、無期懲役の受刑者が落ち着いて服役するためには、非常に重要なことなのです。

終身刑を導入することは簡単ですが、その運用には相当の困難が伴います。受刑者にとって酷なだけでなく、刑務所の職員も非常に大きな苦労をしそうです。

終身刑の導入を主張する人の中には、無期懲役が事実上の終身刑になっていることを知らない人もいるようです。終身刑ではなくとも、事実上の終身刑になっている無期懲役のままでよいのではないかと思えてなりません。

［海外の刑罰のはなし］

棒や笞で叩く刑罰――トンガ王国

世界には、犯罪者を棒や笞で叩いて処罰するところがあります。伝統的な村落の慣習として行われているところが多いのかもしれませんが、オセアニアには法律で決めている国もあります。

その一つ、トンガ王国の棒や笞で叩く刑罰を紹介しましょう。

トンガでは、棒や笞でお尻を叩く刑罰があります。犯罪者が十六歳未満の場合は細い棒か笞で、犯罪者が十六歳以上の場合は棒でお尻を叩くのです。叩くのは、刑務所の職員です。

この刑罰は悪質な性犯罪などに使われることになっています。叩く回数も法律で決められています。犯罪者が十六歳未満の場合は最高二十回、十六歳以上の場合は最高二十六回です。

最高二十回又は二十六回叩く一セットを二回実施することができます。二回実施する場合には、一回目の実施から十四日をあけなければなりません。

法律で女性に対しては使えないことになっています。

そして、精神的にも肉体的にもこの刑罰に耐えることができないような障害がある場合には、この刑罰を実施できません。

これらのことからすると、この刑罰は精神的にも身体的にも甚大な苦痛をもたらすことが想像できます。そうだとすると、この刑罰は残虐なので許されなさそうです。

日本であれば、この刑罰は憲法で禁止されている「残虐な刑罰だ」ということになりそうです。

ところが、トンガでは、憲法で残虐な刑罰が禁止されていません。とは言え、人道的な問題がありそうです。

では、なぜこのような刑罰が存在している

のでしょうか。

一つの理由として考えられるのは、小さな国で刑務所を作って服役させる費用や手間が大変大きいということです。

トンガは人口十万人ほどの小さな国です。小さな国が刑務所を作り、刑務所の職員を雇い、犯罪者を服役させるのは、費用や手間の負担が大きいでしょう。

棒や笞で叩く刑罰であれば、費用もほとんどかかりません。

刑務所に入れるという刑罰は、実は比較的新しい刑罰で、古代にはあまり見られませんでした。

死刑や流刑にしたほうが安上がりだったからです。

棒や笞で叩く刑罰も費用や手間のことが考えられているのかもしれません。

第三章　懲役のはなし

どこの刑務所に入るかはどう決まるのか

懲役や禁錮《きんこ》の有罪判決を受けて確定すると、いよいよ服役をしなければなりません。無罪の推定の働く被告人から、犯罪のために服役する受刑者になるわけです。

さて、受刑者はどこの刑務所に入るのでしょうか。

自分が住んでいたり、犯罪をしたり、裁判を受けたりした場所の近くにある刑務所でしょうか。

もし、受刑者が住んでいた近くの刑務所に入れていくと、困ったことが起こります。

例えば、受刑者の中には、初めて刑務所に入る人もいれば、何度も刑務所に入っている人もいます。何度も刑務所に入っている人が初めて刑務所に入る人に犯罪の手口を教えることもありそうです。何より困るのは、犯罪をすることに罪悪感も抱かないような考え方や生活の仕方が「朱に交われば赤くなる」ごとく、何度も刑務所に入っている人から初めて刑務所に入る人に伝わってしまうことです。これを「悪風《あくふう》感染」と呼んで、刑務所で防がなければならないものと考えられています。

また、受刑者の中には、男性と女性がいます。男女を一緒の刑務所で過ごさせると、性の問題が起こりますから、いろいろと面倒です。

そして、受刑者はそれぞれ刑務所に入る長さが違います。二年で刑務所を出ることができる人と十五年刑務所にいなければならない人とでは、教育の内容も仕方も違うでしょうから、受刑者を刑務所にいる期間によって分けたほうがよさそうです。

さらに、受刑者の中には、外国人もいます。日本で長く暮らしていて、日本の習慣になじんでいる人は日本人の受刑者と一緒にしても問題は少ないでしょうが、宗教や文化が違うために日本の習慣になじんでいない人と日本人の受刑者を一緒にするといろいろと衝突が起こりそうです。

このように、受刑者が住んでいた近くの刑務所に入れていくと、「悪風感染」の問題や、性の問題が起こりかねません。また、刑務所にいる期間が異なる人たちを一緒に扱わなければなりませんし、外国人と日本人を同じ場所に入れることになってしまいます。

そこで、これらの問題を防ぐために、そして、教育の効果をあげるために、受刑者の特徴に応じて、受刑者はいくつかのグループに分けられています。どのようなグループがあるか、代表的なものを見てみましょう。

まず、犯罪の傾向がまだ進んでいない人のグループがあります。初めて刑務所に入る人は、通常このグループに含まれます。

これに対して、犯罪の傾向が進んでしまっている人のグループもあります。何度も刑務所に入っている人はこちらのグループです。このグループの三割は、暴力団関係者です。何度も刑務所に入る人には、暴力団関係者のほか、物を盗む犯罪や覚せい剤に関する犯罪が多いのが現状です。

女性のグループもあります。女性については、別の項（↓一三〇ページ）で詳しくお話しします。

刑務所に長い期間入る人のグループもあります。長い期間というのは十年以上とされています。無期懲役も含まれます。

このグループに入る人は、他のグループよりも釈放の前に準備が必要です。なぜなら、長い間刑務所にいると、社会の様子が変わっていることが多いからです。二十年前に刑務所に入った人を想像してみてください。二十年前には、携帯電話もパソコンも日常生活で目にすることはあまりありませんでした。タバコを吸う場所もほとんど限定されていませんで

した。そんな人がいきなり社会に戻ってきたら、大変です。社会生活になじめず、また犯罪をしてしまうかもしれません。

若くてまだやり直しがしやすい人のグループもあります。具体的には二十六歳未満の大人、つまり二十歳代前半の人ということになっています。

少年のグループもあります。具体的には十四歳以上二十歳未満の未成年者です。刑務所に送られる少年については、別の項（↓一三七ページ）で詳しくお話しします。

日本人とは違う扱いをする必要のある外国人のグループもあります。日本語がほとんど話せなかったり、宗教で決まっているので食事で牛や豚を避けなければならなかったりする人には配慮が必要だからです。

からだやこころの病気を抱えている人のグループもあります。どのような医療がなされているのかについては、別の項（↓一五七ページ）で詳しくお話しします。

実際には、これらのグループを組み合わせてさらに区別することもあります。

例えば、刑務所に長い期間入る人のグループと犯罪の傾向が進んでしまっている人のグループを組み合わせるのです。

それぞれの刑務所は、これらのグループのうち、どのグループの受刑者を受け入れるのかが決められています。

六か月以上初めて服役する受刑者は、服役が始まると、まず、どのグループに入れるのが適当かを判定する職員のいる刑務所に集められ、生活や作業の様子を観察されます。その観察に基づいて、どのグループにあたるか判定されます。また、六人部屋でやっていけるのか、一人部屋でなければ無理なのかも判断されます。そして、どのような作業に向いているかも分析されます。

このようにして、受刑者は自分の属するグループを受け入れている刑務所に送られるのです。日本では、覚せい剤に関する犯罪で服役する人がたくさんいます。また、高齢の受刑者も増えてきました。今後は、このような人たちのグループも作られるかもしれません。

受刑者の男女比

刑務所に入っている受刑者の男女比は、どれくらいでしょうか。

今、日本には六十九か所の刑務所と八か所の刑務支所があります。そのうち、女性が入るのは八か所にすぎません。受刑者のうち、女性は一割ほどなのです。

実は、受刑者のうち、女性の比率が小さいのは多くの国で共通をしていて、一割から二割程度のことが多いのです。

日本では、少年院に送られる男女比も、刑務所の受刑者の男女比とほとんど同じです。

なぜ受刑者のうち女性の比率が小さいのかはなかなか難しい問題です。女性がそもそも犯罪をあまりしないというだけでなく、裁判にかけられたり、裁判にかけられても実刑になったりすることが避けられやすいと指摘する人もいます。

さて、刑務所に入ることになった犯罪として目立つのは、男女ともに物を盗む犯罪です。しかし、それ以外の犯罪を見ると、男女で違いがあります。

男性の場合、暴力を振るう犯罪が多く見受けられます。これに対して、女性の場合、覚せい剤を使うという犯罪がいちばん多いのが特徴です。

さて、女性の受刑者は男性よりも少ないので、女子刑務所は各地方にだいたい一つしかありません。例えば、関東地方には栃木刑務所、近畿地方には和歌山刑務所があるだけです。男性の刑務所が各都道府県におよそ一つずつあるのと比べると、その少なさがよくわかります。

このように、女子刑務所が少ないためにいくつかの問題があります。ここでは二つだけ取り上げましょう。

まず、男性であれば、初めて刑務所に入る人とそうでない人を別々の刑務所に送ることができます。ところが、女子刑務所は少ないので、そのようなことができません。「悪風感染《あくふう》」（→一二五ページ）の危険が高くなってしまいます。

もう一つは、面会の機会が減ってしまいかねない

昭和の終わり頃から、刑務所は順次建て替えられました。一見すると刑務所とは思えないような庁舎となっているところもあります。

ということです。

女子刑務所は少ないので、家族が住んでいる場所から遠い可能性が増えてしまいます。家族の絆を守り、出所後の生活の相談などをするために家族などと面会することは大きな意味のあることですが、家族が面会に赴くことが遠方では難しくなってしまいかねません。

家族が刑務所の近くに住んでいる一部の受刑者だけが面会によく来てもらえるという不満が女子刑務所では出やすいそうです。

別の項で触れる家族への電話（→一四七ページ）などを使って、家族との関係をうまく維持して欲しいものです。

禁錮刑の受刑者は働かなくてよいはずなのに

日本には、犯罪者を刑務所などの施設に入れる刑罰が三つあります。懲役・禁錮《きんこ》・拘留《こうりゅう》の三つです。

戦後すぐの頃には、禁錮や拘留もよく使われたのですが、近年、あまり使われなくなってしまいました。今では懲役が施設に入れる刑罰のうちほとんどを占めるようになっています。

それでは、懲役・禁錮・拘留はどのように違うのでしょうか。

まず、懲役と禁錮の違いから見てみましょう。

懲役と禁錮の違いは、作業が義務になっているかどうかという点にあります。懲役の受刑者は、原則として作業をしなければなりません。「原則として」と書いたのは、懲役の受刑者の中には、病気で働けなかったり、他の刑務所へ移動中であったりして働けない人もいるからです。これに対して、禁錮の受刑者は作業をする必要はありません。

もともと、懲役が破廉恥《はれんち》な犯罪に対して言い渡されるのに対して、禁錮は破廉恥ではない犯罪に対して言い渡されるものだとされていました。「破廉恥かどうか」という基準は、はっきりしないところがありますが、性犯罪だけでなく、物を盗んだり、人を殺したりする犯罪が破廉恥であるとされ、うっかりミスの犯罪は破廉恥ではないとされてきました。

破廉恥な犯罪をした人には苦痛を与えるために労働をさせ、破廉恥でない犯罪をした人には労働をさせないということが、懲役と禁錮の区別を生んだのです。

次に、懲役・禁錮と拘留の違いを見てみましょう。

懲役・禁錮と拘留の違いは、施設に入れられる期間の点にあります。懲役と禁錮には、仮釈放の時期を定めない無期懲役や無期禁錮があります。懲役と禁錮の釈放の時期を定めるときには、原則として二十年が最高で、複数の犯罪を行った特別な場合には三十年まで言い渡せることになっています。

これに対し、拘留は最長二十九日と短いのです。拘留は、もともと警察が治安維持のために裁判なしで危険そうな人を施設に短期間入れておくという戦前にあった処分が源なので、このように短い期間になっています。

また、懲役や禁錮は刑務所で服役することが通常ですが、拘留は警察の留置場で服役することになってしまうことも少なくありません。そして、拘留は禁錮と同じように作業の義務がありません。

拘留が言渡される犯罪はあまり多くありません。軽犯罪法が定める犯罪などがあります。

ちなみに、「こうりゅう」と読む法律の言葉には、勾留もあります。新聞やテレビなどでもよく間違って使われるのですが、この二つは使い分けられています。

先ほどから出てきている拘留は、刑罰です。つまり、裁判で有罪判決の結果として言渡されるということになります。これに対して、勾留は刑罰ではありません。逮捕の後や、起訴されて裁判を待つ間、逃亡などを防ぐために利用されます。勾留されている人は、まだ有罪判決を受けたわけではありませんから、無罪の推定が働いていることになります。

さて、このような三つの刑罰のうち、懲役と禁錮の差はほとんどないと言われることがあります。なぜでしょうか。

実は、禁錮の受刑者のほとんどが希望して作業をしているからです。法律もこのことを認めています。

では、なぜ禁錮の受刑者は働かなくてもよいはずなのに、希望してまで働くのでしょうか。

様々な理由が考えられますが、ここでは二つの理由を紹介しておきましょう。

一つの理由は、働かないと時間が経つのが遅く感じられ、苦痛だということです。働いていれば、時間が経つのが早く感じられることも多いでしょう。禁錮刑の受刑者は、働かなくてよいと言っても、刑務所の中で自由に過ごせるわけではありません。例えば、部屋でごろごろとしたり、昼寝をしていたりすることはできません。きちんと座って過ごさなければならないのです。これは苦痛ですよね。それならば、働いて身体を動かしているほうがよいと考える人が多いのは想像に難くありません。

もう一つの理由は、希望して作業をすれば、仮釈放に少しでも早くしてもらえると禁錮の受刑者が考えるからです。自ら望んで働く人は、真面目で更生の意欲も高いと評価されやすいからです。

懲役の受刑者も、禁錮の受刑者も、ほとんどが作業をしているのが現状です。このことを踏まえて、懲役と禁錮を区別せず、統合してしまえばよいという議論が学者の中では有力です。さらに、拘留も合わせて統合すべきだという意見も根強くあります。

作業を義務にするかどうかや期間の長さで刑罰を分けるよりも、どのような処遇をするのかという点で刑罰を分けるほうがよいのかもしれません。

少年刑務所には大人ばかり

日本には、少年刑務所が七つあります。

法律では、二十歳未満の人を「少年」と呼んで「成人」と区別しています。法律は、「未成年者」という言葉を使わず、「少年」という言葉を使っています。

「少年」には、二十歳未満の人全てが含まれます。ふだん、「少年」と言えば、未成年の若い男性を意味しますが、法律では、「少年」とは言っても、男性も女性も「少年」の中に含まれるわけです。

そのため、男子か女子かをはっきりさせたい場合には、それぞれ、「男子少年」・「女子少年」と呼んで区別します。「男子少年」という言葉は男性という意味が二回出てきますし、「女子少年」という言葉は女性という意味と男性という意味の双方が含まれていて、日常用語からすると違和感がありますが、法律の世界ではよく使われる言葉なのです。

さて、最初に出てきた少年刑務所は、男子専用の施設ですので、男子少年が入れられます。女子少年は入れられません。女子少年は大人と一緒に女子刑務所に入ることになります。実際には、刑務所に入る女子少年はほとんどいません。

この少年刑務所には、少年という名前が付いていながら、少年はほとんど入っていません。入っているのは、ほとんどが大人で、二十六歳未満で更生の可能性が高いと判断された人たちです。つまり、少年刑務所に入っているのは、二十歳代前半の若い大人なのです。実際に私がある少年刑務所を見学させてもらったときに、何人の少年の受刑者がいるか尋ねたところ、「今日はいません」と答えられたことがあります。

少年刑務所に少年がほとんどいないのはなぜでしょうか。

まず理由として挙げられるのは、少年の場合、施設に入れる必要があれば、少年院に送られるということです。少年院ではなく、刑務所に入れなければならない少年は極めて少ないのです。

少年刑務所に少年がほとんどいない二つ目の理由は、少年非行の動向が落ち着いているということです。

これに対して、「最近、少年非行が凶悪化していて激増している と聞いている。刑務所に入れるべき少年も増えているのではないか」と考える方もおられるかもしれません。

実は、少年非行は増えていません。逆に減っています。そして、少年が起こした殺人事件の数も減っています。少年非行は凶悪化しておらず、減っていることが統計からは明らかなのです。一部のごく限られた事件の報道が増幅されて、少年非行の実態に関して大きな誤解が形作られてしまっているのです。

ちなみに、少年非行の低年齢化というのも統計上の根拠が見当たりません。統計上は、むしろ高年齢化していると言ったほうが正確だと思われます。

かくして、少年刑務所に新たに入ってくる少年は年間五十人に満たないのです。

少年の受刑者は、同じ少年刑務所に入っているにもかかわらず、若い大人の受刑者とは違って、職業訓練が受けやすいなど相当の配慮がされています。このことは、もちろん、少年の受刑者の社会復帰が難しいことの裏返しと言えましょう。

少年の受刑者は、少年刑務所に入ると若い大人の受刑者と分離して処遇を受けます。若い大人の受刑者から悪い影響を受けないようにするためです。前にも書いた「悪風《あくふう》感染」（↓一二五ページ）の防止が図られているわけです。

少年刑務所には、ここのところずっと処遇をする上で大きな悩みがあるようです。それは、入ってくる少年の数が少ないために、集団で処遇をすることができないということです。

ある少年刑務所に一人しか少年の受刑者がいなければ、集団を編成することができません。例えば、グループワークをしようにも一人ではできないわけです。集団を編成すれば、集団の力を利用して、よい効果を少年の受刑者にもたらすこともできます。しかし、それが難しいのが現状なのです。

集団の力を利用して、よりよい処遇の効果を引き出すために、少なくとも少年の間は、少年刑務所ではなく、少年院で過ごすほうがよいのかもしれません。

何のために少年を刑務所に送るのか、少年刑務所でどのように処遇をして効果をあげていくのかということは、少年刑務所と少年院の役割分担をどうするかということとも絡んで難しい問題なのです。

刑務所には「目安箱」がある

刑務所の見学に行くと、多くの場合、受刑者が暮らす部屋の近くに、まるで「目安箱」のようなものが設置されているのを目にします。いったいこれはなんでしょうか。

この箱は、二〇〇六年に刑務所に関する新しい法律ができた際、各刑務所に設置されました。刑務所ごとに作られた「刑事施設視察委員会」への意見書を入れるための箱です。なぜ、このようなことがされるようになったのでしょうか。

直接のきっかけは、名古屋刑務所で起こった事件でした。刑務所の職員が受刑者を暴行して死亡させたのです。

刑務所は、外部の人間が簡単に立ち入ることができない施設です。巨大な密室と言ってもよいかもしれません。そんな場所で、受刑者への人権侵害が行われていても、外の人にはわかりにくいわけです。

二〇〇六年より前にも、受刑者は法務大臣に声を届けることができました。しかし、法務大臣は刑務所長の一番上の上司で、刑務所長の身内にすぎません。

構造的に受刑者への人権侵害が発生しやすい刑務所で受刑者への人権侵害が発生しないようにし、受刑者への人権侵害に対して適切に対処するためには、刑務所外の人たちに訴えかける道が開かれていることが望ましいと考えられるようになった実験があります。

かつて、アメリカのスタンフォード大学のジンバルド博士がある実験を行いました。どのような実験かと言いますと、刑務所に似せた実験場所を作り、一般の人に刑務所の職員の役と受刑者の役に分かれてもらいました。そして、二週間にわたって刑務所の職員の役の人たちと受刑者の役の人たちの行動や関係がどのように変化するかを観察することとしたのです。

結果は驚くべきものでした。刑務所の職員の役の人たちは、受刑者の役の人たちに不当な命令を出し、それに受刑者の役の人たちも従ったのです。やがて刑務所の職員の役の人たちの行為はエスカレートし、虐待の度は増していきました。結局、実験を続けるのは危険であると判断され、実験は予定の半分に満たない六日間で終了しました。

この実験は、刑務所という閉鎖的な施設では、刑務所の職員と受刑者との間の上下関係が強く、そのために刑務所の職員が受刑者に対して行き過ぎた言動を行いやすいことを明らかにしました。ふだんは温厚で冷静な人でも、刑務所の職員という地位に付けば、受刑者を不当に扱いかねないという警鐘を与えたのです。

このような実験も踏まえて、二〇〇六年に新しくできたのが「刑事施設視察委員会」でした。

この委員会の委員には、外部の人が任命されています。そして、刑務所内の視察を行うとともに、受刑者の声に耳を傾けようとしています。その一つの方法が「目安箱」のように見える箱なのです。

よく見ると、この箱には鍵がかかっています。鍵は、「刑事施設視察委員会」の委員が管理しており、刑務所の職員はどのような内容の手紙が投函されているか知ることができません。受刑者は、「刑事施設視察委員会」の委員に直接声を届けることができるのです。

「刑事施設視察委員会」がうまく機能するためには、「刑事施設視察委員会」が刑務所内で問題が発生していることを知るだけでなく、刑務所内で問題が発生していることを知った際に強い権限でその問題の解決にあたることができるかにかかっています。

「刑事施設視察委員会」の機能がどのように充実されていくべきなのか、議論する必要がありそうです。

刑務所のテレビ事情

刑務所の受刑者が過ごす部屋には、テレビが置かれていることもあります。部屋にテレビがある場合、受刑者は定められた時間にテレビを見ることができます。どの番組を見ることができるかについては、刑務所ごとに違いがあります。刑務所によっては、刑務所が番組を決めているところもあります。

この方法には、刑務所で見るのがふさわしくないと考える番組を見せないことができるというメリットがあります。また、六人部屋で受刑者に番組を選ばせると、どの番組を見るかでトラブルになってしまうことが避けられませんが、それを防ぐこともできます。

一方で、受刑者に番組を自由に選ばせているところもあります。

もっとも、六人部屋で受刑者に番組を選ばせると言っても、その部屋の中での受刑者の力関係が影響して、弱い受刑者が見たい番組を全く見られないということになりかねません。そのため、チャンネル当番を決めて、その日にどの番組を見るかを決める権限を順番に割り当てる刑務所も少なくありません。

刑務所見学の際、受刑者の部屋を廊下から見学すると、部屋の入り口には受刑者の番号などが記載されたプレートを見付けることができます。そのプレートには、チャンネル当番がどの番号の受刑者なのかも記載されていることがあります。

受刑者は、入りたくて刑務所に入っているわけではありません。同じ部屋の受刑者とは工場での作業も一緒ですから、二十四時間一緒ということになります。主に再犯の受刑者が入る刑務所では、定員六人の部屋に七人、八人入れられていることもあり、ストレスが大きくなっているようです。同じ部屋の受刑者の中には相性の合わない人もいるでしょう。そうでなくても、二十四時間一緒にいれば、様々なトラブルが生じかねません。ふだんの社会生活以上に人間関係に気を使わなければならないようです。

テレビのチャンネルをどう選ばせるかということから、受刑者同士の人間関係の難しさが垣間見えます。

最近、受刑者同士の人間関係に疲れてしまって、六人部屋ではなく、一人部屋に変えて欲しいと願う受刑者が少なからずいるようです。通常、一人部屋は六人部屋では過ごせない問題を抱えていたり、刑務所の規則に違反して罰を受けたりした受刑者を入れていて、一人部屋にいると仮釈放になりにくいのです。

ところが、一人部屋に入るために、わざと小さなトラブルを起こしたり、作業を拒否したりして意図的に罰を受けて一人部屋に入ろうとする受刑者が最近増えているようです。

刑務所という独特の世界での人間関係の煩わしさを我慢させることも刑罰だから仕方がないのか、刑罰の中身としてふさわしくないのか、悩むところです。

受刑者は刑務所から電話ができる

受刑者は家族などからの手紙を受け取ることができますし、家族などに宛てて手紙を書くことができます。

一か月あたりの手紙を書くことができる回数は、受刑者のランクごとに決まっています。受刑者は、服役する態度などによって、五つのランクに分けられています。

標準的なランクの受刑者は、一か月あたり五通の手紙を差し出すことができます。いちばん高いランクの受刑者は、一か月あたり十通の手紙を差し出すことができることになっていて、ランクによって相当の差があります。

受刑者が受け取る手紙も、差し出す手紙も、発覚していない犯罪の証拠の隠滅に関することや新たな犯罪の指示に関することが書かれているなどしては大変ですから、刑務所が検閲をしています。

検閲の際は、普通に読むことはもちろん、斜めに読んで意味が通じないか確認すると言われています。

二〇〇六年に刑務所に関する新しい法律ができたのに合わせて、受刑者が差し出すことのできる手紙の通数はそれまでに比べて相当増えました。

そのため、差し出される通数もそれまでに比べて増加しており、検閲の負担が大きくなっているようです。

手紙の差し出し回数が制限されていることもあって、受刑者の多くは小さな文字でたくさんの文章を書いているそうです。

家族からの手紙は、受刑者の励みとなり、更生意欲を刺激するようです。もっとも、ときには妻から離婚届が送られ、意気消沈する例もあるようです。

受刑者の楽しみとして、家族などとの面会があります。

一か月あたりの面会のできる回数も、受刑者のランクごとに決まっています。標準的なランクの受刑者は一か月あたり三回面会でき、いちばん高いランクの受刑者は一か月あたり七回面会できます。

多くの刑務所では、面会はアクリル板越しで、刑務所の職員が立ち会います。

刑務所見学に行くと、面会に来た受刑者の家族が面会待合室に入っていくのを見かけることがあります。女性が小さな子どもを連れているのを見かけると、服役しているであろう夫が子どもの大きくなる前に釈放されることを願わずにはいられません。

面会は、受刑者と家族との絆を確かめる機会というだけに留まりません。受刑者の出所後の生活を考え、調整する場でもあります。

犯罪者が再犯をするかどうかを分ける最も重要なことは、家族などとの「人のつながり」があるかないかだとする研究があります。大切な家族がいれば再犯を踏みとどまる可能性が高い一方、そういった人がいなければ再び犯罪に手を染めてしまう可能性が高いというのです。

とは言え、家族が刑務所に入っていても、その刑務所が遠方であったり、仕事を休めなかったりする場合、なかなか面会に行けないこともあるでしょう。もちろん、家族が面会に行くための交通費に困っていることもあります。

このような問題を解決するため、二〇〇六年に新しくできた刑務所に関する法律は、電話を使うことを認めました。

電話の場合、話してはいけないことを話す前にチェックすることはできません。また、電話は話す相手が本当に家族な

のかどうか確認するのが大変です。さらに、電話をかけたり受けたりする日時の調整も手間がかかります。

このような問題点はありますが、簡便で安価な手段として受刑者と家族の電話をうまく活用して欲しいものです。

ＩＴを活用したテレビ電話も安価に利用できるようになってきています。今後は、テレビ電話の利用も認められるようになってもよいのではないでしょうか。

受刑者の入浴は週に何回か

刑務所にも浴場があります。

刑務所の見学に行くと、浴場を見せてもらえることが多いように思います。

受刑者の定員が三、〇〇〇人という大変大きな刑務所でも、浴場はそれほど広くありません。

こぢんまりとした銭湯のような感じです。

銭湯と違うのは、電光掲示板のようなものがあることです。
十五、十、五、三、一のような数字が点灯する仕組みになっています。
これは、入浴ができる残り時間を表示するものです。

多くの刑務所で、入浴は一回当たり十五分と決められているようです。

さて、受刑者は週に何回入浴できるのでしょうか。

刑務所の台所にあたる炊場で働く受刑者は、年中暑い場所で働くわけですし、食中毒などの衛生面にも配慮して、基本的に毎日入浴できるそうです。

では、そのほかの受刑者はどうでしょうか。

刑務所での入浴の回数は、季節によって違います。夏期は週三回、それ以外の時期は週二回です。ちなみに、この回数は男女とも変わりません。

受刑者を週に決まった回数入浴させるのに、多くの刑務所はかなり苦労をしていると言ってよいでしょう。刑務所の浴場は決して広くなく、一度に入浴できる人数はそれほど多くありません。受刑者全員を週に二回又は三回入浴させようと思うと、作業が終わった夕方だけでは時間が足りず、作業をしている日中に作業を中断して入浴させなければならないことも少なくないようです。

もし、入浴の回数を増やすのであれば、浴場を増設するなどの対応をしなければなりません。とは言え、今、日本では、毎日入浴する人がほとんどですから、社会で暮らす人の平均よりも受刑者の入浴回数が少ないことは間違いありません。

みなさんは、この回数が少ないと思いますか。それとも十分だと思いますか。あるいは多いと思いますか。

一般の人と同じようにするべきだという考え方もあるでしょう。一方、受刑者だから、服役しているのだから仕方がないという考え方もあるでしょう。

「受刑者の待遇をどうするべきなのか」ということを考えるにあたっては、刑罰の中身がいったいどのようなものなのかということを考える必要があります。

懲役の場合、刑務所に入ることと作業をすることが刑罰の中身であることは法律にはっきりと書かれています。

問題となるのは、それ以外の待遇です。入浴の回数はその一つの例です。

「刑務所に入ることと作業をすること以外は刑罰の中身ではないから、それ以外の待遇は受刑者であっても一般の人と同じようにするべきだ」と考える人もいます。逆に、「刑務所に入ることと作業をすること以外の待遇を一般の人よりも貶《おとし》めることも刑罰の中身だ」と考える人もいます。さらに考えれば、その待遇を一般の人よりもどの程度貶めるのかも意見が分かれそうです。

刑罰とは、受刑者にどのような不利益をどの程度負わせるものなのか。入浴の回数をどうするかは、刑罰をどのように考えるかによって変わってくるものなのです。「たかが入浴、されど入浴」なのです。

刑務所の中に中学校がある

受刑者の学歴を見ると、大学を卒業している人はあまりいません。

高校を卒業している人もいますが、高校中退や中学卒業の人が大多数を占めています。

社会の中で就職しようと思うと、高校卒業の学歴が求められることが少なくありません。そのため、高校中退や中学卒業の受刑者の中には、高校卒業程度認定試験を受ける人もいます。かつての大学入学資格検定（大検）に相当するものです。

最近では、高校卒業程度認定試験を刑務所の中で受けることができるようになりました。刑務所の外の一般の会場まで行かなくても受験できるようになったわけです。

他にも、刑務所を出てから就職に役立つように様々な資格を取ろうと勉強する受刑者もいます。

受刑者は、平日の夜や週末の日中の余暇時間を使って勉強することになります。

さて、受刑者の中には中学校を卒業していない人もいます。

家庭の事情などで中学校に全くあるいはほとんど通わないまま大人になってしまい、その後に犯罪をして刑務所で服役する人がいます。

中学校を卒業していない受刑者は、年齢に関わらず、長野県松本市にある松本少年刑務所に送られます。

松本少年刑務所には、近くの中学校の分校があります。刑務所の中に中学校の教室があるのです。

中学校を卒業していない受刑者は、作業をするのではなく、毎日、中学校の勉強をするのです。

中には六十歳近い受刑者もいるそうです。

刑務所は国立なのに、なぜ松本少年刑務所の中には松本市立中学校の分校が作られているのでしょうか。言い換えれば、なぜ「国立松本少年刑務所内中学校」にしないのでしょうか。

もし、「国立松本少年刑務所内中学校」を作ってしまうと、履歴書には「国立松本少年刑務所内中学校」を卒業したと書かなければならなくなります。

そうすると、刑務所に服役していたことが一目でわかってしまいます。

これでは就職などの際に足を引っ張ってしまいかねません。

そこで、松本市立中学校の分校で勉強することにして、松本市立中学校の卒業証書を渡すようにしているわけです。

少しばかりの工夫ですが、受刑者の社会復帰が少しでもうまくいくよう配慮されているのです。

刑務所の医療事情

日本には、医療刑務所が四つあります。
医療刑務所は、東京都八王子市、愛知県岡崎市、大阪府堺市、福岡県北九州市にあります。医療刑務所は刑務所の一種ですから、医療刑務所に入っている人は受刑者ばかりです。四つの医療刑務所のうち、八王子と堺にある医療刑務所は、法律で病院として認められる基準を満たしている、言わば「刑務所の総合病院」です。一方、岡崎と北九州にある医療刑務所は、重度の知的障害を持つ受刑者を集めています。

八王子と堺にある医療刑務所に入るのは、からだやこころの病気が重い受刑者です。受刑者が手術を受けることもあります。

病院の機能を持つ医療刑務所は、東日本と西日本に一つずつしかありません。さすがにこれでは病気の受刑者全てに対応できませんから、一般の刑務所よりも医師や看護師を多く配置した医療重点施設と呼ばれる刑務所が各地方にあります。

一般の刑務所でも、医師がいます。とは言え、全ての診療科の医師を揃えている一般の刑務所はまずありません。内科の医師はいるけれど、他の診療科の医師はいないというところも少なくありません。刑務所で働くということに抵抗感があるのでしょうか、多くの刑務所で医師の確保に苦労しているようです。そのため、必要に応じて、受刑者を専門の医師がいる刑務所に移したり、外部の病院に連れて行ったりして対応をしています。

受刑者を外部の病院に連れて行くといっても、受刑者だけで行かせるわけにはいきません。逃走などのトラブルを防ぐために、受刑者一人につき少なくとも三人の刑務所の職員が付き添うそうです。

みなさんの職場でも、平日の日中に三人の同僚が別の仕事で取られてしまうと大変なはずです。刑務所も人手不足ですし、特に夜間や休日には非常に少ない職員しかいませんから、できる限り外部の病院に連れて行かずに済ませたいと考えるのは想像に難くありません。その結果、診察を受けさせるのが遅れてしまい、受刑者が死亡して事件になることがあります。受刑者の生命や健康を守り、刑務所の運営を滞りなく行うためには、職員を増やすという方法しかないように思います。

さて、刑務所で医療を受けた場合の費用はどうなっているのでしょうか。

受刑者は刑務所に入るときには各種の健康保険の被保険者ではなくなっています。つまり、刑務所では、例えば三割負担になるような各種の健康保険が使えないわけです。お金のない受刑者が多いですから、これでは支払いができない受刑者が多そうです。

実は、刑務所での医療の費用については、全て国が負担しています。つまり、税金で全て賄っているのです。

理屈の上では、服役中の受刑者の健康を守る義務が国にはあるので、国が負担すると説明されています。

高齢者の犯罪が増加し、受刑者のうち高齢者の占める割合が大きくなってきました。高齢の受刑者は病気を抱えていることも多いので、今後、刑務所での医療費はますます増加しそうです。高齢の受刑者は、介護が必要になることもあります。既に、介護が必要な受刑者を集める施設もあります。そこまでいかなくても、刑務所内のバリアフリー化を進めている刑務所もあります。

医療や介護が必要な受刑者を刑務所に入れておくのが本当によいのでしょうか。社会の中で過ごさせるほうが安上がりなだけでなく、本人たちにとってもよいサービスを受けられるのではないでしょうか。一方で、医療や介護が必要とは言え、受刑者を社会に戻せば、治安への不安が高まるかもしれません。みなさんはどう思われますか。

受刑者には刑務所で出産させない

女性の受刑者の中には、妊娠しており、刑務所で出産の時期を迎える人もいます。その多くは、犯罪を行って検挙される前に妊娠しており、裁判所で有罪判決を受け、刑務所にやってきた人たちです。中には、犯罪を行って検挙されたときには妊娠していなかったけれど、裁判の前に釈放され、裁判所で有罪判決を受けるまでに妊娠する場合もないわけではありません。

さて、別の項目で触れたように（↓一五七ページ）、刑務所には、医療刑務所という病院の機能を持った刑務所があり、産婦人科の医師がいます。従って、医療刑務所で受刑者に出産させることは可能なはずです。しかし、実際には、医療刑務所で受刑者に出産させるということはしていません。外部の病院へ連れて行って、そこで出産させています。いったいなぜでしょうか。

刑務所ではなく外部の病院で受刑者に出産させるのは、生まれてくる子どものためだとされています。生まれてきた子どもが「刑務所生まれの子ども」ということにならないように配慮しているのです。いくら親が犯罪をしたからと言って、子どもまで不利益を受ける謂われはありません。そのため、このような配慮がなされているのです。
また、子どもが生まれた後、出生届を役所に出すことになりますが、その右側に用意されている出生証明書の記載にも配慮しているのです。

病院などで出産すると、出生届の右側に用意されている出生証明書を医師や助産師に書いてもらうことになります。出生証明書には、どこで出生したのかを書く欄があります。この欄に、「〇〇刑務所」と書かれて、記録として残ってしまわないように出産の場所を考えているわけです。

一方、妊娠している受刑者の中には、人工妊娠中絶を選択する人もいます。女性の受刑者の中には、覚せい剤を使用して刑務所にやってくる人の割合が高いので、使用した覚せい剤が胎児に悪い影響を及ぼすことを考えて、中絶を希望することもあるでしょう。

中絶をする場合、出産の場合とは違って生まれてくる子どもの利益を考える必要がなくなります。そのため、中絶は医

療刑務所内で行われています。

出産するか中絶するかは、その人生にとって非常に大切な決断であるはずです。情報や支援を適切に得ながら納得のいく判断をすることがその後の更生にもよい影響を与えることは少なくないでしょう。出産するか中絶するかを決めるのは、社会の中で暮らしていても難しい悩み深いものですから、犯罪者で刑務所に入っていればなおさらです。

妊娠中の受刑者に対して、十分な情報提供や支援をして、納得のいく判断をする手助けをする必要があると思います。

刑務所での子育て

妊娠中の受刑者が刑務所の外部の病院で出産した後、生まれてきた子どもはどうなるのでしょうか。すぐさま、母親である受刑者から引き離されてしまうのでしょうか。

実際、生まれてきた子どもは、乳児院に預けられたり、受刑者の家族に引き取られたりすることも少なくありません。しかし、中には、刑務所で育てられる子どもたちもいます。

法律は、原則として生まれてから一年間は、刑務所内で母親である受刑者が生まれてきた子どもを育てることを認めています。

なぜ、刑務所での子育てが認められているのでしょうか。

法律がこのことを定めたのは、およそ百年前のことです。

当時は、今と違って、乳児院のような児童福祉施設が十分に整備されていませんでした。また、母乳に代わる粉ミルクなどもよいものがたやすく手に入る状況ではなかったようです。そのため、生まれた子どもを母親と引き離すと、子どもが栄養を十分にとれなくなってしまうということが懸念されていたのです。

これに対し、今では、乳児院が整備され、母乳に代わる粉ミルクなども栄養価の点で遜色がありません。「生まれてきた子どもを刑務所の中で育てないと、子どもが栄養を十分とれない」という心配はなくなりました。

にもかかわらず、今も法律が刑務所での子育てを一年に限って認めているのは、子どもの成長や発育に母親の存在が大きく、親への愛情や信頼感を育むことができると考えられるようになってきたからのようです。また、母親にとっても生まれたばかりの子どもと一緒に過ごすことが更生に役立つと考えられるようになったからかもしれません。

ところが、刑務所での子育てには大きな問題があります。それは、もちろん、環境です。刑務所は、閉鎖的な空間です。生まれたばかりの子どもが過ごすのによい環境とは決して言えないでしょう。同じ世代の子どもたちは、親に連れられて近所の公園でひなたぼっこをしたり、芝生の上ではいはいをしたり、いろんな人に優しい言葉をかけてもらったりしているでしょう。刑務所の中では、職員も工夫をし、配慮をするようですが、どうしても限界があります。そして、何よりも、「刑務所で育てられた子ども」という事実が残ってしまいます。

では、なぜ、母親である受刑者が刑務所で子どもを育てたいと考えるのでしょうか。

刑務所の中で子育てをする受刑者を担当した刑務所の職員の方の言葉を紹介します。

「母親ですから、子どもと一緒にいたいという気持ちもあるでしょう。でも、刑務所の中で子どもを育てていれば、受刑者としての作業が免除されるなど、特別な扱いがされます。『特別な扱いを受けるために子どもの成長や発達を犠牲にしているのではないか』と思うときもあります」。

おそらく、刑務所で子育てをしたいと希望する受刑者は、受刑者としての損得と母としての子どもへの愛情がないまぜになった感情を持っているのでしょう。

二〇〇六年に刑務所に関する法律が新しくできたときに、刑務所での子育てについては、百年前の決まりがほぼそのまま残されました。刑務所での子育てをどのような場合にどのような目的で認めるのか、子どもの利益をどのように守るのか、もっと議論されてよいのかもしれません。

ＰＦＩ刑務所は「民営」刑務所とどう違うのか

アメリカでは、州の政府が特定の刑務所の運営を民間企業に丸ごと委託することがあります。アメリカには、あちこちの刑務所の運営を手掛ける大きな会社もあります。

かつては、アメリカでも、刑務所の運営は全て公務員が担っていました。しかし、公務員がするよりも安上がりだなどの理由で、民間企業にいくつかの刑務所の運営を任せてしまう州が増えてきたのです。このようなアメリカの民営刑務所では、民間の職員だけが勤務しています。公務員は勤務していません。

さて、日本でも、民間企業が刑務所の運営に相当関わることができる枠組みが作られました。その第一号が二〇〇七年に受刑者の受け入れを始めた山口県美祢《みね》市に作られた美祢社会復帰促進センターです。

社会復帰促進センターという名前が付いていますが、れっきとした刑務所です。美祢社会復帰促進センターに続いて、さらに三つの社会復帰促進センターが作られています。

社会復帰促進センターと呼ばれる刑務所は、いずれも民間の活力を使おうということで特別の枠組みが作られ、その枠組みに沿って運営されています。そのため、ＰＦＩ刑務所と呼ばれることがあります。ＰＦＩとは、Private Finance Initiativeの略で、民間資金の活用を推進する枠組みのことです。

これまでのところ、セコムや総合警備保障などの会社が中心となって特別の会社を作り、その会社がＰＦＩ刑務所の運営に携わっています。

このようなことを踏まえて、ＰＦＩ刑務所はアメリカなどで見られるような「民営」刑務所だと紹介されることがあります。しかし、「民営」刑務所という表現は正確ではありません。日本のＰＦＩ刑務所では、民間の職員だけでなく、公務員も働いています。アメリカの民営刑務所では、公務員の姿を見ることはありませんが、日本のＰＦＩ刑務所では公務員も勤務しているのです。なぜでしょうか。

日本では、刑務所での仕事の一部は、国の権力を使うものだと考えられています。例えば、受刑者が逃走しようとしたときに受刑者を取り押さえるのは、国の権力を使って初めてできるとされているのです。そのため、この仕事を民間の会社の従業員に任せてしまうことはできないというのです。

実際、日本のＰＦＩ刑務所では、受刑者が逃走しようとしたとき、民間の会社の従業員が受刑者の周りを取り囲むことはできます。しかし、民間の会社の従業員は受刑者を取り押さえることはできません。公務員である職員の到着を待って、公務員である職員に取り押さえてもらわなければなりません。公務員しか国の権力を使うことができないためです。

このような場面を除けば、ＰＦＩ刑務所では、受刑者への教育や日常の業務の多くを民間の会社の従業員が担っています。

かつて、刑罰を執行するのは国の権限だとされてきました。ＰＦＩ刑務所は、この考え方に沿って運営されています。つまり、国の権力を使わなければならない仕事は公務員が担う一方、国の権力がなくてもできる仕事は民間の会社の従業員に任せているのです。

ＰＦＩ刑務所のようなやり方がよいのか、さらにアメリカのように刑務所の運営を丸ごと民間企業に任せてしまってよいのかについて、受刑者の人権や再犯を防ぐために提供できる教育の質などの観点から検討する必要がありそうです。

ＰＦＩ刑務所はこれまでの刑務所とどう違うのか

二〇〇七年に受刑者の受け入れを始めた山口県美祢《みね》市の美祢社会復帰促進センターは、民間企業が刑務所の運営に相当関わることができる枠組みによって作られた初めてのＰＦＩ(Private Finance Initiative)刑務所です(→一六六ページ)。

ＰＦＩ刑務所は、これまでの刑務所に見られない特徴を持っています。

まず、刑務所というと高い塀があるイメージが強いかと思います。実際、五メートル程度の塀がある刑務所は少なくありません。また、受刑者の暮らす部屋には、逃走を防ぐために、しばしば鉄格子がはめられています。

これに対して、美祢社会復帰促進センターでは、塀の代わりにセンサーの付いたフェンスを設置しています。また、窓は強化ガラスになっており、鉄格子を付けず、明るく開放的な雰囲気を醸し出しています。いずれもセコムの技術が使われているそうです。

次に、刑務所では、通常、受刑者が刑務所の中を一人で移動することを認めていません。他の受刑者とトラブルになったり、逃走の準備をしたりしてはいけないからです。そのため、受刑者が移動するときには、刑務所の職員が必ず付き添います。

これに対して、美祢社会復帰促進センターでは、受刑者にICタグを付けさせ、電子機器で誰が刑務所内のどこにいるのかを把握しています。これによって、受刑者が職員の付き添いなしで移動できるようになったのです。

そして、刑務所では、通常、職業訓練を受けられるのは受刑者の三％程度にすぎません。職業訓練を受けるには、やる気やある程度の能力が必要ですが、やる気や能力に問題があり、職業訓練を受けることができない受刑者も少なくありません。これに対して、美祢社会復帰促進センターでは、受刑者全員に職業訓練を受けさせています。

美祢社会復帰促進センターの特徴を知って、どんな受刑者でも入れるというわけにはいかないなと感じられた方もおられるかもしれません。

何度も刑務所に入っている受刑者を一人で移動させることはためらわれるでしょう。出所後には暴力団に戻ろうと考えている暴力団員に職業訓練を受けさせても効果はなさそうです。

美祢社会復帰促進センターなどのＰＦＩ刑務所には、初めて刑務所に入る受刑者のうち、性格にあまり問題がなく、能力が高い人だけが選ばれて送られています。

ＰＦＩ刑務所が四か所できて、服役が初めてという受刑者を入れておく刑務所の定員がかなり増えました。そのため、服役が初めてという受刑者を入れておく刑務所の多くは、受刑者の数が定員を下回るようになり、じっくりと受刑者の教育などができるようになりました。

一方で、実は予想されたことだったのですが、困った問題が起きています。服役が初めてという受刑者を入れておく刑務所から、性格にあまり問題がなくて能力が高い受刑者がＰＦＩ刑務所に移されました。その結果、服役が初めてという受刑者を入れておく刑務所の受刑者の質が悪化してしまったと言われています。

日本の刑務所は、少ない職員で多くの受刑者の面倒をみるため、性格に問題がなく、能力の高い受刑者を選んで、難しい仕事をさせたり、職員の手足としてその仕事を手伝わせたりするというやり方をしてきました。言わば、「使える受刑者」を上手に使ってきたのです。

ところが、こうした「使える受刑者」がＰＦＩ刑務所に移されてしまい、服役が初めてという受刑者を入れておく刑務所では、「使える受刑者」を確保できなくなりつつあると言われています。

もちろん、本来は、「使える受刑者」に頼らず、職員の数を増やすのが筋です。しかし、財政も厳しい中、職員の増員はわずかなものに留まっています。このような状況の下で、服役が初めてという受刑者を入れておく刑務所をどのように運営していくのかが大きな課題になっているのです。

懲役の受刑者は月にいくらもらえるか

懲役の受刑者は、病気で働けなかったり、他の刑務所に移動中だったりするとき以外は作業をしなければなりません。

では、懲役の受刑者が作業をすると、国からいくらもらえるのでしょうか。

受刑者が国から受け取る金額の平均は、一か月あたり四、〇〇〇円です。ここで、「月」というのは誤字ではありません。

この金額は平均ですので、月二、〇〇〇円の人もいれば、月一万円もらっている人もいます。受刑者の作業の内容などによって異なっているのです。いちばん低い人は時給五円。一日八時間働いて四〇円。週五日働いて、月に一、〇〇〇円程度です。

この数字を見て、最低賃金の決まりが守られていないと思われた人も少なくないと思います。確かに、四、〇〇〇円という数字は最低賃金で一日八時間働いて得られる金額よりも少ないですよね。

どのような理屈があるのか説明しましょう。受刑者に国から渡されるお金は、作業報奨金と呼ばれています。このお金は、給与とか給料ではないとされています。つまり、「受刑者は法律で働かなければならないとされている。従って、国は受刑者が働いたことに対して給料を払わなくてもよい。しかし、少しばかりのお金を渡してあげてもよい」という考えに基づいているのです。給料ではなく、恩恵的なものとされているわけです。

実のところ、このような理屈を抜きにしても、受刑者にお金を渡すことが難しいという事情もあります。受刑者の多くは、きちんと働いたことがなかったり、知的な障害を抱えていて適切に支援を受ける機会に恵まれなかったりするために、刑務所の作業で多くの収益をあげることができないのは否定できない事実です。多少の収益があがっても、刑務所を運営していく費用は相当のもので、到底賄えるものではありません。そうなると、国が税金から受刑者にお金を渡すことになります。たとえ、最低賃金と同じ金額であっても、納税者の納得は得られないし、財政を考えると無理だという事情があります。

これに対して、「国は受刑者に最低賃金と同じ金額を支払うべきだ」という考え方があります。多くの受刑者は二年か三年で出所します。今の作業報奨金の金額では、出所するときに五万円程度のお金しか持って出られないということになります。家族や支えてくれる人がいればそれでもかまわないかもしれませんが、そうでなければ、出所後すぐにお金に困り、再犯に走るということになりかねません。「最低賃金と同じ金額を受け取ることができれば、出所のときに二〇〇万円や三〇〇万円持って社会に戻ることができる」と言うのです。

また、儲かっていないからといって最低賃金の決まりを破ってよいわけではありません。受刑者の労働は、社会の中の労働と同じですから、「たとえ刑務所の中でも、たとえ生産性が低くても、そんなことは関係なく、最低賃金を受け取る資格があるはずだ」とも言えます。「払えないから払わない」というのはおかしいはずです。

このようなことを考えれば、最低賃金と同じ金額を支払うべきだという主張には説得力があり、賛同したいところです。

でも、ちょっと待ってください。受刑者が労働をして最低賃金と同じ月に一〇万円ちょっとのお金をもらうとします。もし、これが社会の中であれば、一〇万円をそのまま受け取ることができるでしょうか。できないはずです。そう、税金や社会保険料を差し引かれるはずです。

受刑者の労働を社会の中の労働と同じだと言うなら、社会の中の労働者と同じように、税金や社会保険料、さらには刑務所での衣食住の費用も差し引くべきでしょう。もちろん、そうしてしまうと、最低賃金を受け取っても、今と同じように手元にはほとんど残らないかもしれません。しかし、社会の中ではみなそうして生活しているはずです。

そもそも、お金さえあれば再犯を防げるかというと、そうではありません。まとまったお金を持っていても、上手にやりくりして使わなければ、あっという間に無一文になってしまいます。受刑者の多くは、こうしたやりくりが上手ではありません。生活を監督し、自立して暮らしていくことができるよう支援していくことのほうが大切なのです。

受刑者の作業に最低賃金を支払い、税金や社会保険料、衣食住の費用を差し引きます。その結果、受刑者本人がいくらのお金を手元に残すことができたのかを伝えるようにするべきです。受刑者の出所の際に、積み立てたお金が少なく、生活に困るようであれば、生活保護を受け、社会福祉の専門家の支援を受けることを後押ししていくべきです。

受刑者だから最低賃金を大きく下回ってもよいという議論にも、最低賃金をそのまま受刑者に渡せばよいという議論にも与することはできないと思います。

受刑者は原則週休二日

受刑者の行う作業には、様々な種類があります。木工、印刷、洋裁、金属、革工は伝統的に五大作業と呼ばれていて、刑務所で従事する受刑者が多い作業です。

例えば、木工であれば、小物からタンスのような家具までいろいろな物を作っています。印刷は、受刑者がする作業の中でも高い技術と能力が要求される仕事です。かつては、国立大学の入試問題なども印刷されていたようです。最近では、官公庁のパンフレットなどを作ることが多いようです。

刑務所やその近くには、受刑者が作った製品を販売するコーナーがあり、普通のお店と同じように一般の人が訪れて、商品を買うことができます。普通のお店と違うのは、値札に商品が作られた刑務所の名前が表示されていることです。ぜひ一度、訪れてみていただきたいと思います。

ところで、受刑者の中には、炊事などの作業に従事している人もいます。刑務所での炊事は、朝早くから多くの受刑者の食事を大量に作らなければなりませんから、炊場と呼ばれる刑務所の台所での作業は大変です。若くて体力のある受刑者が選ばれる傾向にありますが、作業時間を抑える配慮がされているようです。

工場で作業をする受刑者の作業時間は、通常、一日八時間です。そして、作業をするのは、以前は週六日でしたが、最近は週五日、つまり週休二日になりました。

受刑者が週休二日と聞くと、もっと働かせるべきだと考える人もいるかもしれません。なぜ週休二日なのでしょうか。

最大の理由は、工場を担当する刑務所の職員のためだと言われています。受刑者を工場で働かせるためには、職員をそれぞれの工場に配置する必要があります。工場を休みにすれば、職員が休みをとりやすくなります。受刑者は、作業がない日には部屋で過ごしますから、出勤する職員の数を抑えることができるのです。職員を週休二日にするた

めには、受刑者の作業も週休二日にする必要があるのです。

刑務所の職員は、基本的に刑務所のすぐ隣にある官舎で暮らしています。刑務所の職員は、非番の日でも、刑務所での緊急事態があれば、すぐに駆け付けなければなりません。そのためには、一定の数の非番の人が官舎にいる必要がありますから、非番の日に四時間以上の外出をする際には届け出をするよう義務付けられています。

日本の刑務所は、相当少ない職員の数で運営をしているのですが、この辺りからもそのことが窺えます。

少し前には、刑務所に入れられる人が定員を超えるなど、刑務所の職員の負担が非常に重くなりました。職員の負担が重いままでは、よい処遇も難しいでしょう。

有能で熱意のある職員を確保し続けるために、職員の定員を抜本的に増やすなどの努力が必要だと思います。

「塀」の外に出る受刑者

刑務所の見学に行くと、刑務所の門の外で掃除をしている人たちの集団を見ることがあります。人数は三十人か四十人くらいでしょうか。そして、監督をしているような人が数人います。作業をしているのは、受刑者です。監督をしているのは、刑務所の職員です。

「塀」の外に受刑者が出て作業をしていることにびっくりする人もいるかもしれません。「塀」の外で作業をする受刑者は、手錠もされず、腰に縄も巻かれていません。受刑者の数に比べて、付き添っている刑務所の職員はごくわずかですから、走って逃げようと思えば逃げられそうです。このような不安を感じる人もいるかもしれません。

もちろん、「塀」の外の作業には、逃げそうにない受刑者を選んでいます。刑務所の中での行いもよく、しかも出所が近付いているような人が選ばれやすいようです。

そして、受刑者にとって、「塀」の外で作業をする対象に選ばれることは、名誉なことだと考えられているようです。「塀」の外で作業をするのは受刑者のうちごく一部ですから、刑務所から優良な受刑者だと認められたことになります。対象となった受刑者は手錠や腰の縄がなくても「塀」の外へ出すことができると刑務所から考えられているわけですから、刑務所から信頼されている証でもあります。受刑者の自尊心を高めることになっているようです。

かつては、受刑者を「塀」の外に出すことができるかどうか、法律で禁止されてはいませんでしたが、どのような場合に出すことができるのかがはっきり決められていませんでした。とは言え、受刑者を「塀」の外に出すことは、刑務所長の判断で長い間行われてきました。二〇〇六年に刑務所に関する新しい法律ができた際に法律でも認められるようになりました。法律が受刑者を「塀」の外に出すことができると認めたものには、いくつかの種類があります。

まず、刑務所の職員が付き添って、作業をさせるというものです。先ほど見たような刑務所の周辺の掃除などがこれにあたります。刑務所から離れた工業団地に作業に行ったり、農作業に従事したりすることもあります。中には、泊り込みで作業をする例も見受けられます。かつては、農繁期に刑務所周辺の農家のお手伝いをすることが多かったようですが、最近ではあまりないようです。

次に、刑務所の職員が付き添うことなく、作業などに赴かせるというものがあります。作業をする事業所に車で送り迎えをしてもらうという例があります。もちろん、徒歩や自転車で作業をする場所に出掛けることも想定されています。

そして、刑務所の職員が付き添うことなく、自宅などに赴かせるというものがあります。出所後の職場の面接に出掛けることや家族の葬儀に出席することなどが想定されています。日帰りの場合も、宿泊を伴う場合もあります。

このように、受刑者を「塀」の外に出す制度はいくつかありますが、実際にはあまり使われていません。受刑者が逃げてしまったり、さらには受刑者が刑務所の外で新たに事件を起こしてしまったりしてはいけないからです。そのため、そのような危険性の小さい受刑者を選んで細々と行われているという状況です。

受刑者の多くは、他人からよい評価を受けたり、達成感を味わったりした経験が乏しく、自尊感情が低いと言われています。「他の人から大切にされていないから、他の人を大切にできない。犯罪に走ってしまう」という悪循環に陥っています。

こうした中で、刑務所から信頼されて「塀」の外に行って無事に戻ってくるということは、受刑者にとって決して悪い経験ではありません。このような制度がしっかりと受刑者を選ぶことでうまく運用されることを願いたいと思います。

受刑者をどのように改善させるのか

刑務所では、受刑者を改善させて再犯を防ぐために、様々な取り組みを行っています。日本の刑務所では、懲役刑の受刑者に対して、作業を一日八時間させますから（↓一七七ページ）、こうした改善に向けた取り組みをする時間があまり取れませんでした。そのため、「作業をさせることが中心で、改善させることにあまり力が注がれてこなかったのではないか」という反省から、刑務所についての決まりを定めた二〇〇六年にできた法律は、受刑者を改善させるための指導を充実させることにしました。

では、受刑者を改善させるために、どのようなやり方をしているのでしょうか。例えば、心理学などを学んだ専門家が受刑者と個別に面接をしたり、専門家の指導の下で何人かの受刑者のグループで話し合ったりすることがあります。

ここでは、ロールプレイ（role play）というやり方を紹介したいと思います。

ロールプレイという言葉を聞いて、ゲームが好きな人は、ロールプレイングゲーム（role playing game）を連想したかもしれません。ロールプレイングゲームでは、遊ぶ人が戦士などの登場人物の一人になりきります。遊ぶ人が登場人物の一人の役割を担ってゲームの世界を駆け巡るわけです。ここで紹介するロールプレイは、ロールプレイングゲームを実際に演じてみると考えれば、わかりやすいでしょう。

ロールプレイは、「役割劇」と訳されます。「劇」というと舞台で演じるものを想像されるかもしれませんが、ここでは、十人程度の小さなグループが教室のような部屋に集まって、そのうちの二、三人が演じる程度の簡単なものです。

劇の中で、受刑者は登場人物の一人になりきってその役割を演じます。例えば、刑務所の職員が加害者の役を演じ、受刑者が被害者の役を演じます。こうすることによって、受刑者は被害者のつらさ、痛み、恐怖、不安を身をもって体験することができます。受刑者が自らの家族の役を演じれば、家族が感じる心配や不安に思いが至るようになるかもしれません。このように、受刑者に受刑者以外の人の役を演じさせることによって、受刑者以外の人の気持ちや感情を受刑者に気付かせるきっかけを与えることができます。

「わざわざそんな手のかかることをしなくても、被害者や家族の気持ちを説明すれば、受刑者も理解できるはずだし、そもそも説明しなくても想像できるはずだ」と思われた方も少なくないかもしれません。

確かに、他人の気持ちを推し量り、思いやることができるのが普通でしょう。

しかし、受刑者の多くは、小さな頃から親や家族の関わりがあまりなく、他人の気持ちに共感するという体験を積んでこなかったために、不安、心配、困惑、戸惑い、怒り、悲しみ、喜びなどの他人の気持ちに共感することがうまくできない人たちなのです。そのため、受刑者の多くは、他人の気持ちを言葉で説明されても、そのことがあまり理解できません。

また、受刑者の多くは、自分が起こした犯罪について、「被害者は忘れているだろう」とか、「大したことではない」と、小さなものであるかのように考えたり、「被害者に隙があったのが悪い」などのように被害者に責任を転嫁したりする傾向が強いと言われています。

自分が起こした犯罪が被害者にどれほどの痛みを与えたのか、自分の家族にどれほどの迷惑をかけたのかを理解することがなければ、自分の行為を反省することもできないはずです。

そこで、ロールプレイの中で、受刑者に被害者や家族の役を演じてもらって、その気持ちを理解させ、「犯罪が小さなことではなく、被害者のせいではない。とんでもないことをしてしまったのだ」ということに直面させる必要が出てくるわけです。

ロールプレイは、被害者や家族の気持ちに気付かせ、共感させるだけでなく、社会生活の中で生じるトラブルに対処する練習をすることにも利用できます。

電車のダイヤが乱れて職場に遅刻しそうになったとき、みなさんはどうしますか。

おそらく、上司や取引先に連絡をしようと試みるはずです。うまく連絡がついたときには、状況や見通しを説明するとともに、遅刻することを謝りますよね。

受刑者が出所後に就職をして同じような状況に陥った場合、どうするでしょうか。受刑者の多くは、上司や取引先に連絡をしようとはしないでしょう。連絡をしたとしても、状況や見通しをうまく説明できないでしょう。そして、遅刻してしまうことに罪悪感を持たず、謝ることもないでしょう。受刑者の多くは、社会で必要とされる常識を持っておらず、コミュニケーション能力が低いからです。

これでは、社会生活をうまくやっていけません。周囲の人とトラブルになってしまいます。トラブルが原因でストレスが昂じれば、あるいは仕事をやめてしまえば、再犯の危険性が高まります。

そこで、ロールプレイで、遅刻してしまいそうな場面を設定し、受刑者にどう対処すればよいのかを考えさせ、演じさせるのです。その上で、演じるのを見ていた他の受刑者や指導をしている刑務所の職員から、良かった点や良くなかった点についてコメントをもらいます。うまく演じられなかった場合には、もう一度演じ直させることもあるようです。

他には、「共犯者と街でたまたま出会い、付き合うように誘われた」という場面もよく設定されるようです。

このように、ロールプレイは、共感のトレーニングとしてだけでなく、社会で生き抜く力を育むためにも用いられています。

こうした改善に向けた取り組みをするためには、熟練した専門家が多数必要です。そして、本当に改善に役立っているのか、データを集めて分析することも求められます。

残念なことに、日本の少年院では改善に向けた取り組みが熱心になされてきたのですが、刑務所では作業をさせることや所内でトラブルが発生しないことに時間やエネルギーがとられてきたために、こうした取り組みに力を注ぐことができず、どのようなやり方がどのような受刑者に効果的なのかがよく分かっていません。

様々な取り組みの効果を検証し、よりよい再犯予防がなされることが期待されます。

刑務所の見学に行くと

刑務所の見学は、法律では「参観」と呼んでいます。

刑務所の近くにお住まいの方は、見学に行かれたことがあるかもしれません。ほかには、犯罪者の社会復帰を助ける団体などで見学した経験をお持ちの方もおられるでしょう。それ以外の場合は、刑事施設ということもあって、見学を希望してもなかなか認められないのが現状です。

私は、専門分野が刑罰の研究ということもあって、ときにはゼミの学生を引率して刑務所や少年院などを見学させてもらうことがしばしばあります。この項では、そのときのお話をしたいと思います。

多くの場合、刑務所に見学に行くと、会議室のようなところで説明を受けます。その後、施設の内部を見学することになります。

受刑者のいる区画には、携帯電話やタバコ、お菓子などは持ち込めません。また、名刺などを落とすと面倒なことになりかねません。見学者は手ぶらで受刑者のいる区画に入るよう求められます。

受刑者のいる区画の入口は、厳重に警備されています。人数の確認をしていよいよ中に入るわけですが、何度経験しても毎回大変緊張するものです。

見学の中心は、受刑者が作業をしている工場と受刑者が暮らす部屋です。

受刑者が作業をしている工場は、一つ一つが四百人ほど座ることのできる大学の大きな教室ほどの広さです。一つの工場で四十人から六十人ほどの受刑者が一人か二人の刑務所の職員の監督の下で働いています。

工場を見学するときは、受刑者が作業をする中、工場の真ん中にある通路を進みます。通路には、柵もロープもありません。見学者と受刑者の間を遮るものは何もありません。受刑者との距離が二メートルほどのときもあります。初めて見学をする学生は、非常にびっくりするようです。

受刑者の部屋は、日中ということで誰もいません。部屋のある建物はたいてい廊下の両側に部屋がいくつも並んでいます。部屋の入口には、受刑者の番号が書かれたプレートがあり、食事の注意、さらには話す言語などが書かれています。

部屋は畳敷きで、布団は畳まれています。テレビがある部屋も少なくありません（→一四四ページ）。受刑者の私物である雑誌なども置かれています。

二〇〇六年にできた刑務所に関する法律で、受刑者は自分の物を一定の量ですが、管理することができるようになりました。そのため、鍵の付く棚や鍵の掛かったキャリーバッグなどを見ることができます。

トイレは廊下から刑務所の職員が受刑者が不正なことをしていないかを見ることができるように、むき出しになっています。

いずれの刑務所でも、建物は昭和の終わりから順次建て替えられました。そのため、日当たりは比較的よいようです。しかし、逃走を防止するため、鉄格子がありますし、窓があまり開かないようになっていますので、通風はよくないようです。真夏に見学に行くと、むっとした空気と暑さで逃げ出したくなります。

見学中、刑務所の職員に付き添われて移動中の受刑者とすれ違うこともあります。受刑者は壁を向いて静止させられます。工場でもそうですが、目が合ってしまうと、やはり気まずい思いをします。

いかに研究のため、そして教育のためとは言っても、「見る—見られる」という関係は「見る」側もなんとも言えない気持ちにさせます。受刑者もまた人間ですから、失礼のないよう立ち居振る舞いには気を付けて見学します。

刑務所にはなんとも言えない緊張感があります。特に何度も服役している人を入れている刑務所では、暴力団関係者の割合が少なくないせいか、特にぴりぴりした空気であるように感じます。これに対して、主に初めて服役する人を入れている刑務所の緊張感はそれほどではありません。

受刑者を教育して効果をあげるためには、刑務所の職員と受刑者との信頼関係が重要でしょう。しかし、何度も服役している人を入れている刑務所では、信頼関係を作るのは難しそうです。いきおい、教育よりも逃走やトラブルの防止に力を入れざるを得ないようです。見学に行くと、このあたりの雰囲気を少しですが感じることができます。

もちろん、見学者に見せるのは、見せる側が見せてもよいと考える部分だけでしょう。しかし、五感を研ぎ澄ませて見学すると、いろいろな様子を垣間見ることができますし、雰囲気を感じることができます。

私は、見学のたびに、大学の紀要に見学の記録を書いています。見学を希望してもなかなか認められない学生や一

般の方のために、少しでも見学から得た情報やその様子を伝えたいと思っているからです。バックナンバーは、インターネットでも見ることができますので、是非ご覧ください。

・国立情報学研究所CiNii
http://ci.nii.ac.jp/vol_issue/nels/AN00047180_jp.html
・関西大学学術リポジトリ
http://kuir.jm.kansai-u.ac.jp/dspace/items-by-author?author=Nagata%2C+Kenji

弁護士は懲役の執行猶予を恐れる

日本には、資格がないと仕事ができない職業がいくつもあります。しかし、せっかく努力して資格をとっても、犯罪をして刑罰を受けると、資格がなくなってしまったり、資格がしばらく停止してしまったりすることがあります。

罰金で資格がなくなったり停止したりすることはあまりありません。医師の資格は、必ずではないのですが、罰金で資格がなくなることがあります。ただ、医師は、患者の命や体の健康を預かる仕事ですから、罰金でも無視できないと考えられているようです。

法曹三者と呼ばれる裁判官・検察官・弁護士は、懲役の判決が確定すると、その仕事ができなくなります。

懲役で刑務所に行くのだから、どっちみち仕事はできないだろうと思われるかもしれません。ところが、裁判官・検察官・弁護士は、懲役で執行猶予になっても、その仕事ができなくなるのです。すぐさま刑務所に行かなくてよいとは言え、懲役に変わりがないと考えられているのです。

執行猶予になったとは言え、懲役になるような犯罪をしたのだから仕方がないと思われるかもしれません。

例えば、弁護士が依頼者から預かったお金を使い込んでしまった場合を考えれば、執行猶予になっても、弁護士として活動させるのは妥当でないでしょう。

しかし、実際いちばん怖いのは、自動車事故の場合です。犯罪をするつもりがなくても、事故を起こしてしまう場合があります。とは言え、飲酒運転やひき逃げなどでなければ、任意保険に入っている限り、懲役の判決は受けても、執行猶予になることがほとんどです。

他の仕事をしている場合、執行猶予になれば、それまで通り仕事を続けることができることも少なくありません。しかし、裁判官・検察官・弁護士は、執行猶予になっても、それまでの仕事を続けることはできません。執行猶予の間、資格がなくなってしまうのです。法律に携わる専門家である裁判官・検察官・弁護士には、厳しい基準を設けていると考えてよさそうです。

このような決まりがあるため、法曹三者の中には、自動車を自分で運転しないという人もいます。もし事故を起こしてしまって懲役の判決を受ければ、執行猶予になっても仕事が続けられなくなってしまうことを恐れているのです。

資格の中には、執行猶予になった場合は、資格がそのまま維持されるというものもあり、様々です。

日本の場合、刑罰が言い渡されて資格がなくなるかどうかは、法律で一律に決められています。それまで続けていた仕事が続けられなくなってしまうことを避けるために、刑罰が言い渡されて資格がなくなるかどうかは、その事件ごとに個別に判断するほうがよいのではないかという意見もあります。

［海外の犯罪のはなし］

占いは犯罪――トケラウ

トケラウは、ニュージーランドの北島や南島から遠く離れた三つの小さな島からなるニュージーランドの自主行政地域です。面積は約十平方キロメートルで、一、四〇〇人ほどが暮らしています。

ニュージーランドからの独立の是非を問う住民投票が二〇〇六年に行われましたが、僅差で独立しないという選択がされています。

トケラウでは、ニュージーランドに属しているとは言え、トケラウの事情を踏まえて、トケラウだけで適用される規則があります。

例えば、未婚者と性行為をすることが犯罪

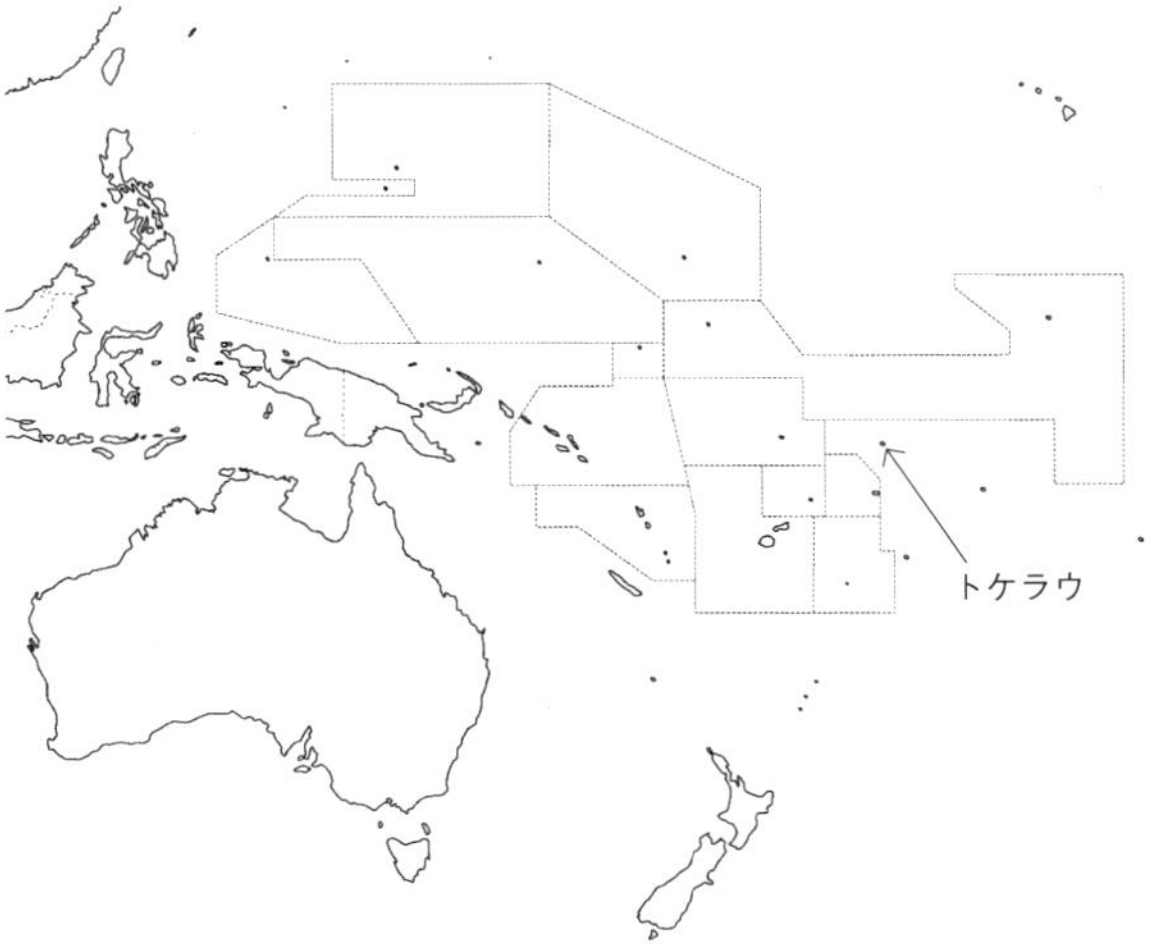

とされています。また、占いをすることも犯罪とされています。

占いが禁止されていると聞くと、びっくりしてしまうかもしれません。いったいなぜでしょうか。

占いは、その結果によって、社会的な不安や、ときには混乱をもたらすからだと考えることができます。

このように、他の国や地域には、日本で犯罪とすることが考えられないような行為についてまで犯罪とされていることがあります。他にも、駆け落ちを犯罪としている国もあります。

逆に、日本で暮らしていて処罰するのが当たり前と思っている行為が他の国や地域では「処罰するなんてとんでもない」と考えられていることもあります。例えば、日本では、交通事故の際、運転ミスをした人が処罰されますが、運転手が処罰されない国もあります。

犯罪とされる行為の中身は、その国や地域の歴史や文化、習慣などによって異なるわけです。海外の法律を知ることは、非常に興味深いことなのです。

第四章　罰金のはなし

罰金と交通反則金はどう違うのか

「交通違反をして罰金を支払った」という人に詳しく話を聞くと、実は罰金ではなく、交通反則金を支払ったということがよくあります。警察官に青い書類を渡されて、一五、〇〇〇円を支払ったというような場合です。

しばしば勘違いされてしまうのですが、罰金と交通反則金は別物です。では、交通反則金は、罰金とどう違うのでしょうか。

いちばんの違いは、裁判所で有罪判決を受けているかどうかということです。罰金は、警察から検察官に事件が送られ、検察官が事件を起訴して、裁判所で有罪判決を受けて言い渡される「刑罰」です。これに対して、交通反則金は、裁判所で有罪判決を受けて言い渡されるわけではありません。つまり、「刑罰」ではないのです。交通反則金は、警察限りで手続きが終わってしまうものなのです。

一見すると、このような違いが日常生活に影響することはあまりなさそうですが、意外にそうでもないのです。

履歴書には「賞罰」の欄があります。法律で決まっているわけではないのですが、やはり、「罰」の中には刑罰が含まれるでしょう。そのため、罰金の判決の言い渡しを受けた場合、そのことを履歴書に書かなければならないことになります。一方、交通反則金は刑罰ではないので、履歴書に書かなくともよいでしょう。

また、前科という言葉も、法律で決まっているわけではないのですが、罰金の判決を受けたということは間違いなく前科に含まれるでしょう。これに対して、交通反則金は刑罰ではないので、前科とみなされないことが多いわけです。

ただ、罰金も交通反則金も、お金を払うという点では同じです。そのため、多くの人が交通反則金と罰金を同じようにとらえているようです。

もちろん、交通違反とは言え、犯罪であることには変わりはありません。交通反則金は、罰金に比べて金額が小さい、つまり安いので、犯罪をしたという感覚を持ってもらいにくいところが問題かもしれません。

交通反則金が導入された理由

交通違反に対して使われる交通反則金は、なぜ導入されたのでしょうか。

もともと、交通違反に対しては、罰金がよく使われていました。ところが、高度経済成長を迎えて、車の数が増え、交通違反も激増しました。

罰金を言い渡すためには、

警察→検察官→裁判所

と事件を送り、それぞれ書類を作らなければなりません。当時は、まだワープロもパソコンも普及していない時代ですから、書類を作るとなると全て手書きでした。

その頃、一年間に言い渡された罰金は最も多い年で四百万件を超えていました。最近一年間に言い渡されている罰金は五十万件ほどですから、今の十倍近い数の罰金が言い渡されていたわけです。

警察も検察官も裁判所も、これだけの数の事件を取扱うのは大変でした。何とかできないかということで考え出されたのが交通反則金だったのです。「警察→検察官→裁判所と事件を送るから、負担が増えてしまう。それほど悪質でない違反は、警察限りで終わらせてしまえばよい」と考えられたのです。

違反を発見した現場で警察官が簡単に作ることができるような書類が用意されました。青い小さな書類なので、「青切符」と呼ばれています。青切符を渡された人が一定の期間内に警察にお金を支払えば、事件を検察官に送らず、手続きは終わりにする。つまり、起訴されることはないという制度が作られたのです。

このようなやり方で、毎年七百万件ほどが交通反則金で処理されています。

一定の期間内に警察に交通反則金を支払わない場合は、原則通り、警察から検察官に事件が送られ、検察官が事件を起訴して、裁判所で罰金などの有罪判決を言い渡すことになります。また、悪質な交通違反の場合、交通反則金は使われず、裁判所に起訴され、罰金や、ときには懲役が言い渡されています。

さて、実は、警察庁が交通反則金を導入するとき、その理由として、「一億総前科者」を回避するためだということも挙げていました。たくさんの人に罰金が言い渡され続けると、「みんなが前科者」になってしまってよくないということです。もちろん、日本の国民全員が交通違反をするわけでないので、「総前科者」という表現はややオーバーなのですが、そう勘違いされてしまうくらい多くの人が罰金を言い渡されれば、交通違反をして罰金を言い渡されてもあまりショックを感じなくなってしまう人もたくさん出てくることが予想されます。多くの人に前科があるというのも考えものです。また、罰金のインパクトがなくなってしまうのも困るので、限られた一部の悪質な交通違反にだけ罰金を使い、それ以外は交通反則金にしておこうと考えたわけです。

残念なことに、罰金と交通反則金が別物という理解は広がりませんでした。罰金も交通反則金も同じものととらえる人が多いのが現状です。

交通反則金は、裁判所に行かずにそれほど高くないお金さえ払えば済みます。そのために、交通違反をしてもあまり深刻に考えてもらえないという問題を引き起こしています。

やはり、交通反則金ではなく、罰金をきちんと言い渡すほうが、その後の運転を気を付けるというよい効果を生むのではないでしょうか。

「数が多いから手を抜くのも仕方ない」というのは本来おかしな話です。昔と違って、パソコンもありますから、書類を作るのは楽になりました。

警察も検察も裁判所も、そして違反をした人も面倒かもしれませんが、違反をした人に警察・検察・裁判所で手続きを経験させる中で自分の運転について振り返らせるという教育効果は決して小さなものではないと思います。

万引きには罰金を言い渡せなかった

万引きという言葉は、古くからあったようで、「万《よろず》」、つまり何でも、「引き」、つまり持っていってしまうということが語源だ、などと言われています。

万引きをする人の中には、それほど重い罪ではないと考える人がいます。ところが、万引きは、法律では、窃盗《せっとう》罪にあたります。窃盗という犯罪は、万引きだけでなく、家に忍び込む泥棒や、バイクや自転車の一部の持ち去りなども含む、手口が多様な犯罪です。窃盗罪には、被害金額が大きく、悪質なものも少なくありません。そのため、窃盗罪が定めている刑罰は、懲役十年が最高です。「あなたがやった行為は窃盗罪で、懲役十年にもなる犯罪だよ」と言われるとびっくりする万引き犯人もいるそうです。

さて、最近まで、万引きをした人には懲役しか言い渡せませんでした。これは、およそ百年前に法律を作ったときに、物を盗む人はお金がないから盗むはずなので、罰金なんて支払えないと考えられていたためです。しかし、お金はあるけれど、万引きをするという人もいて、罰金を支払うことができる人も少なくありません。しかし、万引きに罰金は使えない。そのため、検察官がずっと困っていたのです。

検察官はどう困っていたのでしょうか。万引き犯人を裁判にかけようと起訴したとします。犯人が有罪になると、必ず懲役ということになります。これまで裁判にかけられたことがない人の場合には、おそらく執行猶予になるでしょうから、刑務所には行かなくて済むでしょうが、それでも懲役の有罪判決を受けたということに変わりはありません。これは少し重すぎるのではないか。とは言え、裁判にかけないのもいかがなものか。懲役ほど重くない刑罰、つまり罰金が言い渡せないだろうかと考えられてきたのです。

そこで、二〇〇六年に法律が変わって、窃盗にも、つまり万引きにも最高五〇万円の罰金を言い渡せるようになりました。

生活が安定しており、被害金額が何千円という場合で、万引きした商品を返したり、弁償をしたりした場合に、いきなり起訴されるようなことはこれまで通りまずありません。しかし、これが三度も四度も続くと、放置できませんから、起訴して、裁判所に罰金を言い渡してもらうというやり方がされるようになりました。

実際に、捕まったのが三回目で、およそ三、〇〇〇円の商品を万引きした主婦に二〇万円の罰金が言い渡されています。

スーパー、ホームセンター、ドラッグストアなどの大手のチェーン店に行くと、商品の陳列棚に「万引きは犯罪です。十年以下の懲役又は五〇万円以下の罰金に処せられます」というステッカーが貼られているのを見ることがあります。

万引きをする人にとって、「十年以下の懲役に処せられます」というのは、「これくらいで懲役になることはないだろう」と思わせてしまうものだったのでしょうか。「十年以下の懲役又は五〇万円以下の罰金に処せられます」と書いてあると、「罰金はイヤだな」と思わせるものなのでしょうか。

何度も続く万引きに罰金が使えるようになったのは、適切な重さの刑罰を言い渡せるようになったわけですから、よいことだと言えるでしょう。

万引きに罰金が使えるようになって、万引き防止になるとさらによいのですが、皆さんは効果があると思いますか。

罰金一万円と拘留二十九日はどちらが重いか

法律は、刑罰がどの順で重いかを決めています。最も重いとされているのは、もちろん、死刑です。死刑に続くのが、懲役と禁錮《きんこ》（→二三三ページ）です。作業を義務付けられている懲役のほうが、作業を義務付けられていない禁錮よりも、一般的には重いとされています。

但し、例外があります。禁錮の期間が懲役の期間の二倍を超える場合には、禁錮のほうが重いとされるのです。例えば、禁錮七年と懲役三年を比べると、懲役三年の二倍の六年よりも禁錮の七年のほうが長いので、禁錮七年のほうが懲役三年よりも重いとされます。

懲役と禁錮に次いで重いとされているのは、罰金です。そして、罰金の次に重いとされているのは拘留《こうりゅう》です。

そのため、罰金一万円と拘留二十九日を比べると、罰金一万円のほうが重いとされるのです。「それはおかしい」と感じられる方も多いと思います。なぜなら、拘留は施設に入れられる刑罰なので、お金さえ払ってしまえば終わりという罰金よりも負担が重そうだからです。

なぜ拘留よりも罰金のほうが重いとされているのでしょうか。

理由として考えられることの一つは、拘留の源です。前にも懲役のところで触れたように（→一三四ページ）、拘留は戦前に警察が危険だと考える人を裁判なしで施設に入れることができた処分を原形としています。このような処分は、もともと正式な刑罰とは言えませんでした。刑罰は、裁判を受けて言い渡されるものだからです。そのため、正式の刑罰である罰金のほうが拘留よりも格が上だと考えられたのでしょう。

とは言え、現代社会においては、罰金よりも拘留のほうが重いという感覚が一般的だろうと思います。

法律を改正して、罰金よりも拘留のほうが重いとするか、拘留を懲役や禁錮と統合するほうがすっきりすると思います。

1万円未満のお金を支払わせる刑罰である科料《かりょう》も拘留と同じく裁判なしでお金を支払わせる処分を原型にしています。

罰金は相続されるか

例えば、一〇〇万円の罰金を支払わなければならない人がいたとします。この人をAさんとしましょう。Aさんは罰金を支払わないうちに亡くなってしまいました。Aさんには子どもが一人おり、Aさんを相続しました。Aさんの子どもは、Aさんが支払わなければならなかった罰金を代わりに支払わなければならないのでしょうか。

もしこれが、罰金ではなく、借金であればどうでしょうか。Aさんの子どもが特別の手続をせずに相続すれば、Aさんの借金をAさんの子どもが代わりに返さなければなりません。

ところが、罰金の場合は、Aさんが支払わなければならない罰金をAさんの子どもが代わりに支払う必要は原則としてありません。

借金も罰金もお金を支払わなければならないものなのに、なぜこのような違いがあるでしょうか。

それは、罰金が「刑罰」だからです。同じく「刑罰」である懲役を例に挙げて考えるとわかりやすいと思います。

Ａさんが懲役一年の判決を受けて、服役しなければならないとします。Ａさんが服役しないうちに亡くなって、Ａさんの子どもが相続したとき、Ａさんの子どもはＡさんに代わって服役しなければならないでしょうか。

そんなことはありません。犯罪をしたのはＡさんですから、刑罰を受けるのもＡさんでなければなりません。刑罰は、言い渡された人自身が責任を果たさなければなりません。犯罪の責任は、その人個人の責任です。誰かに代わってもらうことなどできません。このことは、刑罰を言い渡された人が亡くなった場合も同じです。

罰金は、犯罪に対して言い渡される「刑罰」ですから、借金とは違って、支払いの義務が相続されることはないのです。

但し、例外があります。法律は、税金に関する法律に違反して罰金が言い渡された場合だけは、その罰金の支払いの義務が相続されるとしています。例えば、脱税をして罰金が言い渡された場合です。

悪質な脱税をして罰金が言い渡された人が亡くなった際、相続をした人が罰金を支払わずに済むようでは不公平になってしまうと考えられているようです。

しかし、この決まりに対しては、罰金は「刑罰」なのだから相続されるのはおかしいという強い批判があります。

税金に関する法律に違反して罰金が言い渡された場合だけ例外とするということは、罰金が「刑罰」だということを徹底していないということになってしまい、理論的にうまく説明ができないことは否定できません。税金に関する法律に違反して罰金が言い渡された場合も、相続されないとするほうが理論的にはすっきりすると思います。

罰金に利息は付くのか

罰金を支払わずにいると、利息が付くのでしょうか。

これが借金であれば、貸主と借主で予め取り決めた利率に従って利息が付くことになります。

アメリカの連邦の制度では、罰金の判決を受けた人が罰金を支払わないと、利息のような制裁金も合わせて支払わなければならないと定めています。

ここで、「アメリカの連邦の制度」について説明させてください。

アメリカでは、州ごとに法律の制度が違います。裁判所の制度も州ごとに違っています。そして、

映画やドラマによく登場するFBI（Federal Bureau of Investigation）は、「連邦捜査局」と訳されることが多いように、連邦の警察組織です。複数の州にまたがる犯罪などを捜査する権限を持っています。

犯罪や刑罰は基本的に州が独自に決めています。ただ、州をまたいで犯罪をしたり、国の利益を損ねたりするような犯罪は連邦が扱うことになっており、連邦が犯罪や刑罰を定めています。そして、連邦も裁判所を州とは別に持っています。

その連邦の裁判所で言い渡された罰金については、利息のような制裁金というものがあるわけです。州によって、制度が違うので、よく似た制度を持っている州と、そうでない州があります。

利息ではなく、制裁金という言葉を使っているのは、罰金は借金などとは違うと考えられているからでしょう。罰金は刑罰ですから、相続されないし、利息も付かない特別なものということになります。

では、なぜ制裁金を支払うよう定めているのでしょうか。

制裁金を支払わないといけないということになると、多くの人はできる限り早く支払おうと考えます。早く支払ったほうがトクですよね。制裁金というものを作ったのは、できる限り早く罰金を支払わせる狙いがあるからでしょう。

できる限り早く罰金を支払ってもらえば、督促の手間なども少なくて済みます。いろいろな国が工夫をしています。もう一つ、ニュージーランドの取り組みを紹介しましょう。

ニュージーランドでは、罰金を支払わないと、罰金の判決を受けた人の車をチェーンロックしてしまいます。

日本でもそうですが、車が使えないと、日常生活の様々な場面で困ってしまいます。ニュージーランドでは、チェーンロックをされると、多くの人がすぐさま罰金を払うそうです。

さて、日本ではどうでしょうか。

日本の場合、罰金に対する利息や制裁金のような制度はありません。また、車のチェーンロックを認めるような法律もありません。

そのため、罰金を支払うよう督促したり、財産の差し押さえをする可能性や別の項で説明する労役場《ろうえきじょう》留置《りゅうち》（↓二二四ページ参照）になる可能性を伝えたりすることくらいしか罰金を早く支払うように促す方法がありません。他の国の制度を参考にしながら、罰金の支払いを上手に促していく枠組みを作るべきだと思います。

お金持ちには高い罰金が望ましいのか

大企業の社長に二〇万円の罰金が言い渡されたと聞くと、「たくさん稼いでいるから、二〇万円くらい、痛くも痒くもないだろう」と思う人は少なくないと思います。

罰金は、お金を支払わせる刑罰です。同じ二〇万円の罰金でも、お金をたくさん持っている人やたくさん稼いでいる人にはあまり痛くないでしょうし、逆にお金をたくさん持っていない人やあまり稼いでいない人は大変大きな痛みを感じるでしょう。

厳密に言うと、懲役の痛みもそれぞれの人によって違います。人の寿命は、その人ごとに違いますから、同じ一年でも人生の中に占める割合は少しずつ違うはずです。とは言え、その割合はそれほど大きく変わりませんし、それぞれの人の寿命の長さはわからないので、懲役の場合、痛みが違うことはあまり意識されません。

これに対して、罰金の場合、持っている資産や収入の大きさはその人ごとにかなり違いますから、同じ金額の罰金を言い渡しても、資産や収入の中でその罰金の金額の占める割合が大きく違うのは不平等ではないかと考えられてきました。

スウェーデンやドイツでは、同じような犯罪をしても、たくさん稼いでいる人にはたくさんの罰金を言い渡し、あまり稼いでいない人には少しだけの罰金を言い渡す制度を導入しています。これらの国では、このやり方のほうが公平だと考えられているわけです。

イギリスは、イングランド・ウェールズとスコットランドなど他の地域で法律の制度が違うのですが、イングランド・ウェールズでも、スウェーデンやドイツで用いられている制度を導入したことがあります。

ところが、同じ犯罪で罰金の金額が違うということに理解が得られずに、猛反発を受け、一年もたたずにその制度を取りやめたという経験があります。

イギリスのやり方は、イギリス連邦のカナダ・オーストラリア・ニュージーランドなどに影響を及ぼすことが多いのですが、イングランド・ウェールズで失敗したので、スウェーデンやドイツで用いられている制度は、カナダでも、

オーストラリアでも、ニュージーランドでも導入されていないようです。

日本でも、導入が検討されたことがありますが、結局、導入されていません。

同じような犯罪をしたのだから、罰金の金額を同じにすることは公平だと言えます。一方で、同じ犯罪をしても、その人の稼ぎの多い少ないによって罰金の金額を変えることも公平だと言えます。

罰金の額を決めるときに、どうすれば公平なのかということは、意外に難しい問題なのです。

罰金として支払われたお金はどうなるのか

罰金と一口に言っても、一〇万円に満たないものから、三〇万円、五〇万円、一〇〇万円というもの、さらにはもっと高いものまであります。高いものでは、いくらくらいの罰金が言い渡されているのでしょうか。

日本では、悪質な脱税に対して、億単位の罰金が言い渡されることがあります。この罰金の額は、脱税した金額に応じて決まるので、脱税した金額が大きければ大きいほど罰金の額も大きくなるのです。

いくつかの経済関係の法律では、億単位の罰金が最高額として定められています。これらの法律では、主に企業に対して億単位の罰金を言い渡すことが想定されています。

このように、日本の罰金は最も高くてもせいぜい億単位ですが、アメリカではもっと高い罰金があります。日本円にして、一〇〇億円を超える罰金もしばしば言い渡されています。

実際に、日本の企業にもアメリカで巨額の罰金が言い渡されています。

大和銀行（当時。現・りそな銀行）のニューヨーク支店の不祥事に対して、三億四〇〇〇万ドルの罰金が言い渡されています。これは、一ドル八〇円としても二七〇億円を超える非常に大きな額のものでした。

さて、罰金として支払われたお金はどうなるのでしょうか。日本では、毎年総額八〇〇億円程度のお金が罰金として支払われています。このお金は、税金などと同じように、国の収入になります。

このようなやり方をしている国もありますが、そうでないやり方をしている国もあります。

例えば、アメリカでは、罰金として支払われたお金全てをプールして基金を作りました。この基金は、各州の被害者の支援に対する補助金として利用されています。つまり、犯罪者の払ったお金で被害者の支援の費用を賄う枠組みを作っているのです。

なぜアメリカではこのようなやり方がされるようになったのでしょうか。

一つの理由として、納税に対する意識が挙げられています。

それは、「税金で被害者の支援をすれば、被害者は被害にあうことと、税金を支払うことで二重に負担をすることになるが不当だ。被害者の支援の費用は犯罪者に負担させるべきだ」という考え方です。

日本でも、このような考え方が浸透してくるかもしれません。

アメリカと同じように、被害者の支援に罰金として支払われたお金を使うのは多くの国民の賛成を得られるのではないでしょうか。

国家財政が厳しい折、罰金として支払われたお金の全てを被害者の支援に回すことは難しいかもしれませんが、一部でもその支援に充てることができれば、日本でも被害者の支援をさらに充実させることができるはずです。

「一万円だけまず払ってください」と言われる理由

罰金の支払いはどこにすればよいのでしょうか。

罰金の支払いを命じるのは裁判所ですが、裁判所にお金を払うわけではありません。法律では、罰金の支払いをさせて受け取るのは検察官とされています。実際には、検察事務官と呼ばれる検察庁の職員が罰金を受け取る事務をしています。支払いがない場合、検察事務官が電話や書面で支払いをするよう督促をしています。

罰金の判決を受けた人の中には、一度に全額を支払うことができない人もいます。人によっては家族から借りるなどして支払う人もいますが、お金を借りられない人も少なくありません。罰金と言えば、以前は、一〇万円前後のものが主流でしたが、最近は、飲酒運転に対する厳罰化のために、三〇万円、五〇万円、さらには一〇〇万円という高額の罰金が言い渡されることも増えました。さすがに何十万円となると、一度に支払ができる人ばかりではなくなってきます。

こうした場合に、罰金刑の判決を受けた人から、全部は一度に払えないと言われると、検察事務官は、「一万円だけまず払ってください」と言うことがあります。これにはどのような意味があるのでしょうか。

もちろん、少しでも罰金の支払いをさせることは大切です。全く支払いをしないよりもよいことは間違いありません。

実は、それだけではありません。たとえ一円でも支払いがされれば、罰金の時効のカウントがゼロに戻るのです。

死刑のところでも触れましたが（→一〇八ページ）、死刑以外の刑罰には時効があります。つまり、判決が言い渡されて確定してから一定の期間が経つと、刑罰を受けさせることができなくなるのです。

罰金の時効は三年です。罰金の判決を受けて確定してから三年経てば、罰金の判決を受けた人は罰金の支払いをせずに済ませることができるのです。

懲役の場合には、判決の言渡しと同時に、判決が確定するまで拘置所に入れられ、判決が確定すれば、刑務所に移されますので、懲役が時効にかかってしまうことはまず考えられません。

一方、罰金の場合は、判決を受けても施設に入れられるわけではありません。社会の中で自由に行動できますから、中には、行方不明になってしまったり、どこにいるかわかっても払えないまま時間が過ぎていったりすることもあります。

せっかく言い渡した罰金が時効にかかってしまっては、適切に処罰できていないということで、国民の信頼も得られません。

たとえ一円でも支払いをさせて、罰金の時効のカウントをゼロに戻しておく必要があるのです。

罰金の時効が三年というのは短すぎるのかもしれません。しかし、何らかの決着を付けるようにするためには、三年という期間がよい目途なのかもしれません。

罰金を払わないとどうなるのか

罰金の判決を受けた後、支払いをしないと、検察事務官と呼ばれる検察庁の職員から電話や書面で支払いをするよう督促されることになります。

判決を受けた人が督促されて罰金を支払えばよいのですが、それでも支払わないと、財産を差し押さえられてしまうことがあります。

とは言え、財産の差し押さえは面倒ですし、難しいことも少なくありません。例えば、どこの銀行にどれだけの預金があるかは意外に調べにくいのです。

差し押さえられるような財産を見付けられなかったり、そもそも財産がなかったりするときにはどうなるのでしょうか。

このような場合に法律が用意している方法が労役場留置《ろうえきじょうりゅうち》です。罰金を払わない人を労役場と呼ばれる施設に入れて労働させるのです。

実は、労役場に入れられることは、懲役刑で刑務所に入れられることとほとんど変わりがありません。これを詳しく見てみましょう。

まず、多くの労役場は刑務所の中に設けられています。労役場に入れられる人はそれほど多くなく、しかも、労役場に長期間入れられる人はさらに少ないのです。そのため、労役場という施設をそれだけのために作るということはされていません。刑務所の中の一部のスペースを労役場としているのです。

次に、法律は、労役場に入れられた人を原則として懲役刑の受刑者と同じように扱うということを定めています。つまり、労役場に入れられてしまうと、懲役刑の受刑者と同じように、行動の自由が制約されることになります。一日八時間働けばすむわけではなく、労働が終わった後に家に帰ることは許されませんし、起床時間や就寝時間を守らなければなりません。労働中の私語も厳禁です。懲役刑の受刑者と同じように、一挙手一投足が制約の対象となるのです。

もっとも、法律は労役場に入れられた人を受刑者と一緒にしてはいけないと定めています。そのため、受刑者とは部屋も違いますし、作業スペースも異なります。具体的には、労役場に入れられた人は労役場に入れられた人だけが入る部屋で過ごすことになります。刑務所の見学に行くと、六人部屋がずらりと並ぶ建物の中の部屋の入り口に「労役」と書かれたプレートが付けられた部屋を見ることがあります。これが労役場に入れられた人がいる部屋ということになります。また、作業スペースはロープで区切るなどして労役場に入れられた人と受刑者を分けているようです。

このように、部屋は受刑者と分けられていますが、部屋の作りも同じですし、受刑者の部屋と同じ建物にあります。また、作業スペースも受刑者と別にされていますが、同じ作業をすることになります。労役場に入れられた人の感覚としては、「懲役で刑務所に入れられた」ということになってしまいそうです。

罰金の言渡しの際には、労役場での労働が一日当たりいくら分になるかも言い渡されています。一日五〇〇〇円ということが多いようです。一〇万円の罰金だと労役場二十日分ということになります。

労役場に入れられた人は、罰金の金額分を働くか、罰金を納めれば労役場から出ることができます。

労役場が刑務所の中にあるせいもあって、労役場に入れられた人の中には、家族がびっくり仰天するという場合も少なくないようです。家族がお金を借り集めるなどして金策に走って罰金のお金を用立てて支払い、労役場に入れられた人を出してもらうということもよくあるようです。

お金を持っている人は、罰金を支払って終わりとなりますが、お金がないと罰金が払えず、懲役と似た労役場留置となってしまいます。そのため、お金がない人にとって不平等ではないかという疑問も示されています。

国は違っても犯罪と刑罰に関する法律はほぼ同じ
――ソロモン諸島、キリバス共和国、ツヴァル

法律は国ごとに作られますから、たとえ近くの国であっても、国によって法律の中身が違うのが普通です。

もちろん、他の国の法律を参考にして法律を作ることもありますが、国によって事情が違うので完全に同じ中身の法律ができることはまずありません。

ところが、南太平洋には、犯罪と刑罰に関する法律がほとんど同じという国があります。

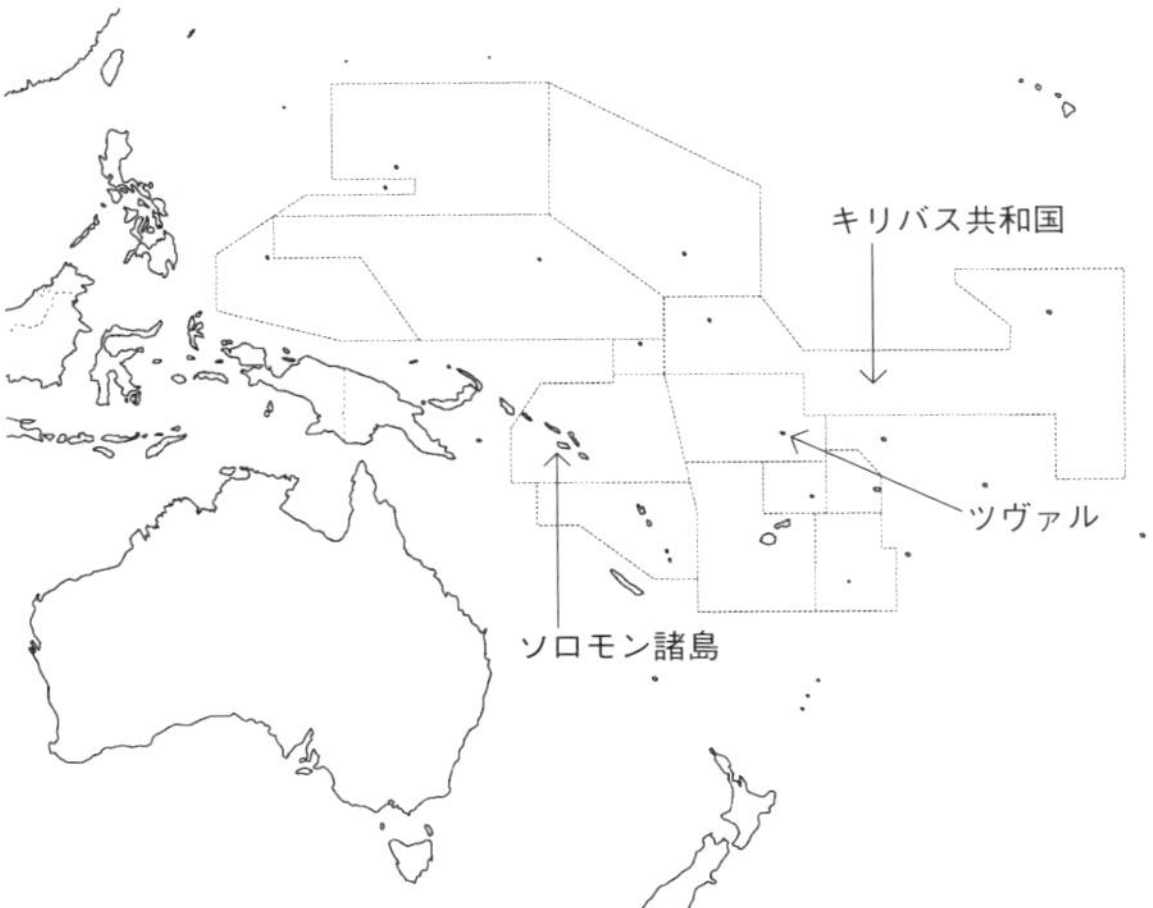

ソロモン諸島、キリバス共和国、ツヴァルの三つの国では、犯罪と刑罰に関する法律が法律の文章の言葉の一つ一つまでほとんど同じなのです。

なぜこんなことになっているのでしょうか。

この三つの国は、もともとイギリスに支配されていました。そのため、この三つの国があった地域では、イギリスが作った犯罪と刑罰に関する決まりに従っていました。

この三つの国が独立したときに、それまで使っていた決まりをほぼそのまま法律にしたのです。

三つの国は、それぞれ人口も、国の広さも、社会や経済の状況も少しずつ違います。

そのような事情を反映して、これからは犯罪と刑罰に関する法律も少しずつ変化していくでしょう。

既に一部の国の法律は変えられて、三つの国の犯罪と刑罰に関する法律が完全に同じではなくなっています。

今後、この三つの国の犯罪と刑罰に関する法律にどのような違いが出てくるのか、研究者として見守っていきたいと思います。

おわりに　〜より詳しく知るために

この本を読んで、刑罰の現状や問題点についてより詳しく知りたいと思われた方に次のような本を紹介したいと思います。

まず、警察などの捜査機関が把握した犯罪の件数や、刑罰がどれくらい言い渡されているのか、さらにどのような制度が作られているのかについては、『犯罪白書』を参照されるとよいでしょう。

犯罪白書は毎年冬に各年度版が刊行されています。

図表やグラフが多く、カラーの部分が多いので、見やすいものになっています。

学者の書いた本もぜひ読んでいただきたいと思います。学者の書いた本を読むときには、「刑事政策」や「刑事学」という名前の付いた本を探すとよいでしょう。この分野は制度や法律が変わることも多いので、できるだけ新しい本を手にとられることを強くお勧めします。

裁判員制度が始まり、刑罰への関心が高まっている今こそ、刑罰の現状や問題点を多くの人が知り、正確な現状の理解に基づいた議論がなされることを願っています。

【著者紹介】

永田 憲史（ながた・けんじ）

略歴

1976年、三重県生まれ。1995年、京都大学法学部に入学。1998年、司法試験合格。1999年、京都大学法学部を卒業し、京都大学大学院法学研究科へ進学。修士課程・博士課程の間、罰金刑の研究と死刑の基準の研究に取り組む。2005年、関西大学法学部に専任講師として着任。それまでの研究に加えて、オセアニア諸国（特にニュージーランド、南太平洋島嶼国家・地域）の刑罰制度の研究を始める。2008年に准教授となった後、死刑執行の研究に取り掛かる。2015年に教授となり、現在に至る。

著書

『死刑選択基準の研究』（関西大学出版部、2010）

『GHQ文書が語る日本の死刑執行――公文書から迫る絞首刑の実態――』（現代人文社、2013）

『財産的刑事制裁の研究――主に罰金刑と被害弁償命令に焦点を当てて――』（関西大学出版部、2013）

わかりやすい刑罰のはなし―死刑・懲役・罰金―

2012年2月24日　第1刷発行
2018年4月30日　第2刷発行

著　者　永　田　憲　史

発行所　関西大学出版部
〒564-8680　大阪府吹田市山手町3-3-35
電　話　06(6368)1121/FAX06(6389)5162

印刷所　㈱NPCコーポレーション
〒530-0043　大阪市北区天満1-9-19

ISBN 978-4-87354-532-5 C3032　落丁・乱丁はお取替えいたします。